# La Belle Vie

by Jean Anouilh

with teacher's notes written by Anny King

Thames Methuen 1985

*This publication produced by*
*Thames Television Ltd.*
*149 Tottenham Court Road, London W1P 9LL*
*for direct supply to schools.*

*Also available from bookshops, published by*
*Methuen London,*
*11 New Fetter Lane, London EC4P 4EE*
*in association with Thames Television International Ltd.*

*Copyright Thames Television Ltd © 1985*
*Printed in Great Britain by*
*Eyre and Spottiswoode Ltd.*
*ISBN 0 904416 27 5 (Thames Television)*
*ISBN 0 423 01750 0 (Methuen)*
*Bookshop and trade orders should be sent to*
*Associated Book Publishers, North Way, Andover, Hampshire*
*SP10 5BE*

*Designed by Colin Davies*
*Printed by Eyre & Spottiswoode, Thanet Press, Margate*

# Contents

# Acknowledgements

Original film of *La Belle Vie* directed for Antenne 2 in 1979 by **Lazare Iglesis**

**Cast**
| | |
|---|---|
| LE COMTE | Jacques François |
| ALBERT | Jean le Poulain |
| LA COMTESSE | Hélène Perdrière |
| GERTRUD | Maïa Simon |
| LE COMMISSAIRE | Alain Mottet |
| TANTE MINA | Madeleine Barbulée |
| HANS | Jean-Pierre Bouvier |
| LA FEMME DE CHAMBRE | Françoise Dorner |
| LUDWIG | Alexandre Grecq |
| L'HOMME D'AFFAIRES | Jacques Morel |

\*     \*     \*

Edited version for schools introduced in the studio by **Jacky Simon**, Attaché Linguistique at the French Institute in London

With **Jacques François, Maïa Simon, Jean-Pierre Bouvier, Alain Mottet**

Producer **Mary Law**
Director **Adrian Brown**
Series Adviser **Michael Buckby**

\*     \*     \*

Teacher's notes in this book written by **Anny King**
Editor **Debbie Oakley**
Special thanks to **Lid King** for his contribution to the teacher's notes

**Note**
The original French TV version of *La Belle Vie* is slightly longer than the 5-part edited version shown to schools as part of Thames Television's *The French Programme*. This book contains the full-length play, but the various cuts are indicated by the symbols ◇ (for the opening of each cut) and ◆ (for the close).

# Présentations par les acteurs

## Programme 1

*Présentation: Jacky Simon, Attaché linguistique de l'Institut Français du Royaume-Uni.*

Nous sommes à Munich en 1918. C'est la Révolution. Les partisans du peuple ont pris le pouvoir et proclamé la République.

La première scène de la pièce se déroule dans l'une des prisons de la ville où des bourgeois et des aristocrates — des capitalistes — ont été enfermés.

Là, dans cette prison, ils attendent de savoir quel sort le Parti leur a réservé. Chaque jour, un Commissaire du peuple vient lire la liste de ceux qui vont être exécutés.

Certains acceptent leur sort avec philosophie et détachement, le Comte von Valençay, par exemple. Chef d'une famille d'aristocrates d'origine française, le Comte reconnaît avec lucidité qu'il est irrécupérable. Qu'est-ce qu'un gouvernement populaire pourrait bien faire de lui? Il n'a aucune spécialité à offrir à la Révolution.

D'autres, moins dignes que le Comte, essaient de sauver leur peau en se découvrant des liens avec le peuple, la Révolution, le Parti...

Il y en a qui ne se rendent absolument pas compte de la gravité de la situation et qui continuent à se comporter comme si rien ne s'était passé.

Ainsi, la Comtesse Hermina von Valençay, la femme du Comte, qui est prête à aller trouver le directeur de la prison et à faire «un beau tapage», comme elle dit, pour être transférée à la prison centrale.

Les enfants du Comte, Gertrud et Hans, considèrent également que la place des Valençay est à la prison centrale.

Pour Gertrud, «c'est le seul endroit qui soit encore fréquentable... tout ce qui avait un nom dans la ville s'y trouve...»

Et pour son frère Hans, «c'est le seul endroit où on s'amuse encore. Il paraît qu'on y donne des parties très amusantes tous les soirs...»

Quant à Ludwig, le mari de Gertrud, le gendre du Comte, le militaire de la famille, il est plus snob encore que tous les autres: son seul souci est de ne pas être fusillé entre son tailleur et son bottier!

Voilà... Si j'ajoute la tante Mina, la naïve et charmante tante Mina, vous aurez fait connaissance avec les personnages principaux de *La Belle Vie*... du moins, du côté des vaincus, car les vainqueurs, le peuple et ses représentants, vont jouer un rôle fondamental dans cette pièce.

# Programme 2

*Présentation: Alain Mottet qui joue le Commissaire.*

Moi, je joue le Commissaire du peuple. C'est moi qui vais expliquer aux Valençay ce que le Parti a décidé de faire d'eux. Il faut qu'ils comprennent, ces chiens, ces vipères lubriques, ces sangsues qui ont sucé le sang du peuple, qu'ils doivent payer maintenant! Finie la rigolade!

S'il ne tenait qu'à moi, ils passeraient tous à la casserole, ils seraient tous exécutés, quoi. Mais seulement il y a l'éducation du peuple. Il ne faut pas que le peuple oublie. C'est pourquoi le gouvernement provisoire a décidé que dans chaque ville importante une famille bourgeoise serait épargnée, qu'elle continuerait à vivre comme avant à sa façon et que le peuple irait la regarder vivre pour ne pas oublier.

Donc, les Valençay ont été conduits au Musée du Peuple. Ils vivront au Musée du Peuple comme autrefois, mais derrière des cordes et le peuple ira les regarder — comme au zoo! Ils ont intérêt à faire rire le peuple, ces singes! Car ce ne sont pas les candidats qui manquent, figurez-vous! Albert sera à leur service — comme avant — mais uniquement pendant les représentations. Il y aura trois représentations. De 8h à 10h ce sera «le lever du Bourgeois», de midi à 2h «le repas du Bourgeois» et, le soir, de 9h à 11h «la soirée du Bourgeois». Il faut que le peuple les voie tels qu'ils étaient! Il ne faut pas qu'il oublie, le peuple.

# Programme 3

*Présentation: Jacques François qui joue le Comte Sigmund von Valençay.*

Le matin de l'inauguration est arrivé. C'est notre première représentation devant le Comité révolutionnaire. C'est à dire, quelques ouvriers, quelques intellectuels, le Commissaire et celui qu'ils appellent le

Camarade Président.

La Comtesse est nerveuse, elle a le trac. Moi, je joue mon rôle de Comte en exagérant. Je leur en donne pour leur argent. D'ailleurs, vous verrez, ils adorent ça. Je fais courir Albert à droite et à gauche. Le pauvre Albert, il ne comprend pas! Je ne lui ai jamais fait ça!

Mais notre représentation va vite dégénérer en bagarre, à la grande joie du Comité. Eh! Oui! Que voulez-vous! C'est Albert qui en est responsable. Il va rappeler à la Comtesse la scène du mois de janvier dernier quand elle a appris que j'avais fait coucher ma maîtresse à la maison pendant son voyage à Paris. Et bien sûr, la Comtesse s'énerve, elle me traite de monstre, de vipère lubrique. Alors, je perds mon sang-froid et je vide mon sac.

Bien entendu, on en vient aux mains. Inutile d'ajouter que le Comité est ravi de nous. Même le Camarade Président est content!

# Programme 4

*Présentation: Maïa Simon qui joue Gertrud.*

Nous allons jouer aux cartes. Je profite d'être seule un moment avec mon père, le Comte, pour lui parler de Ludwig. C'est que la scène de l'autre jour m'a été très pénible, cette brusque explosion de vérité m'a beaucoup frappée. C'est vrai que Ludwig, mon mari, m'a trompée avec des filles, et c'est vrai que je le savais, mais la raison pour laquelle moi, je le trompais n'a rien à voir avec ça. Si j'ai pris des amants tout de suite après mon mariage, c'est que je n'ai jamais aimé Ludwig. Bien sûr, mon père est très surpris de m'entendre dire cela, il ne comprend pas pourquoi j'ai épousé Ludwig. C'est vrai que personne ne m'a forcée et que ma mère, elle, était contre ce mariage. La vérité c'est que j'étais une jeune fille très mal élevée. Personne ne m'a jamais appris à être une vraie femme.

Voilà! Les autres arrivent pour la partie de cartes: ma mère, la Comtesse, avec tante Mina. Mes parents ont une petite dispute — mais nous y sommes habitués. Entre Ludwig en habit — on s'installe autour de la table et on commence à jouer. On parle en jouant. La Comtesse nous dit qu'elle est très inquiète au sujet de Hans, car elle trouve qu'il tourne trop autour de cette petite femme de chambre qu'Albert nous a procurée. Ludwig pense l'avoir déjà vue au Paradise — un cabaret — juste avant la Révolution. Elle y faisait, paraît-il, un numéro de strip-tease étonnant.

Tante Mina — chère tante Mina — veut savoir ce que c'est qu'un numéro de strip-tease. Bien entendu, personne ne lui explique. Alors elle se fâche, elle boude, elle menace de ne plus jouer et finalement, de sa façon enfantine, elle déclare qu'elle a le grand chelem, qu'elle a gagné. Ah! Chère tante Mina qui continue à tricoter pour les pauvres — révolution ou pas!

# Programme 5

*Présentation: Jean-Pierre Bouvier qui joue Hans.*

Je suis amoureux! Pour la première fois de ma vie je suis amoureux! Je suis amoureux de la femme de chambre qu'Albert nous a procurée. Et elle aussi, elle m'aime. Quel bonheur! Mais pas moyen d'être seuls une minute. Il y a toujours un soldat ou des crétins en train de nous regarder derrière les cordes... Et dire que, sans la Révolution, on n'aurait jamais pu s'aimer, tous les deux. Moi, j'aurais été un petit vicomte, elle, une petite putain. Moi, j'aurais eu de l'argent plein les poches; elle aurait rêvé d'argent. Aujourd'hui on est libres de s'aimer comme on veut. Il n'y a plus de vicomte, plus de putain, plus d'argent!

Et vive la Révolution! Pauvre Albert, quand je lui dis tout ça, il a l'air sincèrement indigné! Alors, je lui dis que sa Révolution, elle n'est pas encore au point et qu'il va l'achever. Pour ça, il va nous prêter sa chambre, la seule qui ferme à clef et dire aux soldats qu'il a besoin de la femme de chambre ce soir-là. Bientôt elle sera libérée et dès qu'il aura pu me faire entrer en usine, on se mettra en ménage, elle et moi. Et là, la Révolution, elle sera vraiment faite!

Albert est d'abord épouvanté, puis il comprend et il accepte. «Je ferme les yeux» dit-il. D'ailleurs, vous verrez, la Révolution, elle a changé bien d'autres choses. Le Comte et la Comtesse ont, pour la première fois depuis longtemps, une véritable conversation. Et comme le dit la Comtesse: «A la représenter tous les soirs pour les autres, on la voit soudain sa vie.» Peut-être est-ce important d'avoir à lutter ensemble pour quelque chose.

JEAN ANOUILH

# LA BELLE VIE

*Des vues de révolution qui peuvent être documentaires, pourvu qu'elles donnent le climat d'après la Première Guerre mondiale: Béla Kun; le putsch de Munich ou même la révolution russe si les costumes ne sont pas trop typés.*

*Des tanks démodés, des hommes montés sur des camions qui haranguent la foule, des comités de soldats et d'ouvriers qui délibèrent.*

*Des arrestations; une exécution; une foule qui acclame hérissée de drapeaux rouges et, soudain, une prison.*

*L'intérieur de la prison.*

*Une grande salle avec des hommes et des femmes entassés.*

*Les costumes sont vaguement 1918.*

*On entend une salve au loin.*

*Certains sursautent, se relèvent à demi, puis se recouchent.*

LE MONSIEUR

Ce doit être la liste de ce matin. Ils mettent à peu près trois heures.

LE GROS HOMME D'AFFAIRES, *qui est couché près de lui.*

Toutes les révolutions commencent par une épuration imbécile et brutale. On en profite pour liquider le voisin parce qu'il avait un peu trop regardé votre femme. Ou les créanciers trop pressants. Le patriotisme exacerbé et la défense de la cause sacrée du peuple ont toujours beaucoup contribué à l'extinction des dettes. En période de crise, la dénonciation du locataire est aussi la manière la plus élémentaire de se procurer un appartement.

Mais après, les choses se tassent. On fait appel aux compétences. Et les hommes de ma trempe, rompus aux affaires internationales redeviennent indispensables. Quelle était votre spécialité?

LE MONSIEUR, *léger.*

Le bridge. J'ai également gagné plusieurs coupes de tir au pigeon.

L'HOMME D'AFFAIRES *a un geste pessimiste.*

Evidemment. A moins que le gouvernement provisoire de la nouvelle République ne décide une destruction massive de ces volatiles.

LE MONSIEUR

Ça me paraît peu probable. Le sang des pigeons coulera le dernier.

L'HOMME D'AFFAIRES

Une spécialité. Il faut avoir une spécialité. Cherchez encore.

LE MONSIEUR

Un peu plus jeune, on m'assurait que je dansais très bien.

L'HOMME D'AFFAIRES, *pessimiste.*

C'est pas sérieux, ça.

LE MONSIEUR

Cela m'a paru très sérieux une grande partie de ma vie. Mais maintenant...

L'HOMME D'AFFAIRES

Ah, l'optique a forcément changé.

LE MONSIEUR

Comme vous dites.

*Il cherche encore.*

Ah! Autre chose, je savais très bien parler aux femmes.

L'HOMME D'AFFAIRES

J'ai peur que cela ne leur paraisse pas non plus très important. Remarquez qu'on va les émanciper.

LE MONSIEUR

Justement. On n'aura plus besoin de savoir leur parler. Non, pour un gouvernement du peuple, je crains d'être irrécupérable... comme ils disent dans leur jargon.

L'HOMME D'AFFAIRES

Vous n'avez jamais appris un métier manuel?

LE MONSIEUR

Si; si... la... la... tapisserie. J'ai copié tout un salon d'Aubusson.

L'HOMME D'AFFAIRES, *de plus en plus pessimiste.*

Evidemment.

*Il ajoute au bout d'un temps.*

Croyez, cher ami, que si ma position et mes compétences me donnent quelque crédit auprès de ces gens-là, je ferai mon possible...

### LE MONSIEUR

Merci, cher ami. Voulez-vous … voulez-vous partager ma dernière cigarette?

### L'HOMME D'AFFAIRES, *ébloui.*

Vous en avez encore une? Vous êtes très généreux.

### LE MONSIEUR

Oui, j'avais un certain talent, pour cela aussi. Mais j'ai peur que, dans la nouvelle optique, cela ne paraisse pas non plus une vertu très civique.

### L'HOMME D'AFFAIRES

J'en ai peur aussi.

*Le Comte lui offre une allumette.*

Merci. Je n'ai pas eu l'occasion de saluer la Comtesse ce matin. Veuillez lui présenter mes respects.

### LE MONSIEUR

Je n'y manquerai pas. A quelle heure est la prochaine liste?

### L'HOMME D'AFFAIRES

Une heure et demie comme d'habitude.

### LE MONSIEUR

L'heure à laquelle mon maître d'hôtel venait m'annoncer: « Monsieur le Comte est servi. » Il paraît qu'il était chef d'une section sans que je le sache. Ce serait amusant, non? Qu'il entre en Commissaire du peuple et qu'il vienne m'annoncer pour la dernière fois « Monsieur le Comte est servi ». Couic!

*Il a un geste significatif et éclate de rire.*

L'HOMME D'AFFAIRES, *livide.*

Je ne comprends pas comment vous avez le cœur de plaisanter avec des choses pareilles.

LE COMTE

C'est une tradition de famille. Vous savez que je suis d'origine française. Nous avons déjà été guillotinés en 93. Alors forcément c'est une question d'habitude. A la prison des Carmes, mon aïeul, paraît-il, apprenait à sa fille à monter gracieusement les trois marches de l'échafaud.

L'HOMME D'AFFAIRES, *soudain ignoble.*

Eh bien, moi, Dieu merci, malgré l'importance que j'avais dans les sulfates, je suis un fils de cordonnier.

LE COMTE, *souriant*

Tiens! Vous nous aviez caché ça, cher ami!

L'HOMME D'AFFAIRES

Oui. Mais maintenant je compte bien en faire état! Parce que je suis un fils du peuple, moi, et puis je le prouverai.

LE COMTE

Permettez-moi de vous féliciter bien sincèrement.

L'HOMME D'AFFAIRES, *s'éloignant un peu gêné.*

Oui . . . je sais bien que c'est odieux ces privilèges de la naissance: mais j'y peux rien. Un cordonnier et une blanchisseuse.
Et ils n'étaient même pas mariés!

### LE COMTE

Tous mes compliments!

*Il s'éloigne vers un autre groupe tandis que l'Homme d'affaires rejoint lui aussi un petit groupe d'hommes d'affaires dans son genre.*

◇          UN AUTRE HOMME D'AFFAIRES, *du groupe.*

Mais vous, vous aviez donné de l'argent au mouvement.

### UN AUTRE

Oui... ma position auprès du gouvernement ne me le permettait malheureusement pas; mais j'avais fait inscrire mon fils aux jeunesses du parti.

Simple précaution. Je disais à tout le monde en affectant d'être navré: « Oh, c'est une folie de jeune homme! » Mais pas du tout, il avait des idées de droite, oui... et j'ai dû le forcer. En réalité, c'était une précaution de vieillard.

*Ils éclatent de rire tous les trois.*

*Plus loin dans la vaste salle le Comte a rejoint un groupe de femmes qui ont dû être élégantes mais qui sont dépeignées et pas lavées depuis quinze jours.*

### LE COMTE

Ma chère, Ridencraf m'a chargé de vous présenter ses respects.

### LA COMTESSE

Comment? On ne l'a pas encore fusillé? Enfin si quelqu'un exploitait le peuple, c'était bien ce genre d'homme-là. Il avait plus de quinze mille ouvriers, nous n'avions que cinq domestiques!

### LE COMTE

Il est assez optimiste quant à son sort. Il pense qu'on aura besoin de compétences dans son genre d'activités. Il paraît qu'on ne peut rien sans lui dans les sulfates. Et les sulfates, révolution ou pas cela reste sérieux.

### UNE FEMME

De l'aide, s'il vous plaît, de l'aide!

### LE COMTE

Non... rassurons-nous pour lui. Demain, il aura trente mille ouvriers sous ses ordres au lieu de quinze. Le même bureau et peut-être la même voiture.

### LA BARONNESSE MINA, *vieille demoiselle enfantine.*

Oui, mais il n'empochera pas les mêmes bénéfices. Ce sera bien fait. Voilà!

### LE COMTE

Ma chère Mina, il avait mal au foie et ne mangeait que des carottes. Je pense qu'il aura toujours les moyens de s'en offrir.

### LA BARONNESSE

On m'a dit qu'il exerçait un odieux droit de cuissage sur ses secrétaires; il y aura bien une de ces malheureuses pour le dénoncer?

### LE COMTE

Elles seront restées ses secrétaires et il sera sous un autre titre leur nouveau patron. Non, je crains qu'en sa qualité de commissaire aux sulfates, son droit de cuissage ne reste intact. Les révolutions ont rarement changé les mœurs des hommes sur ce plan. Il paraît aussi qu'il est le protégé d'un cordonnier et d'une blanchisseuse.

LA COMTESSE, *très intéressée.*

Quel intrigant! Je vous l'avais toujours dit dès que j'ai senti le vent tourner qu'il fallait être très aimable avec ces gens-là. Mais vous n'êtes qu'un incapable.

LE COMTE, *léger.*

Je le craignais déjà sous l'ancien régime, sous celui-là cela me paraît certain.   ◆

LA COMTESSE

C'est tout de même malheureux de se faire fusiller bêtement, parce que vous n'avez rien su prévoir, encore une fois. Rappelez-vous notre voyage en France à Dinard en 1912; vous aviez enregistré tous les bagages pour Biarritz, parce que votre maîtresse de l'époque y passait l'été et que vous n'aviez que cette ville en tête. C'était une danseuse, n'est-ce pas?

LE COMTE *a un geste lassé.*

Oh! Tout ça est si loin. Les danseuses vont devenir des fonctionnaires importantes du Parti. Elles ne seront plus abordables.

*Un groupe plus jeune se rapproche d'eux: Ludwig, gendre du Comte; Hans, son jeune fils; et Gertrud, sa fille.*

GERTRUD

Vous savez la nouvelle, père? Les Hiltehausen sont à la prison centrale. Les Sturp et les Bankenhein aussi. Heinrich von Willestein a demandé à être muté et je ne sais comment il y est parvenu. Enfin tout ce qui avait un nom dans la ville est à la prison centrale. Il paraît que c'est le seul endroit fréquentable en ce moment. Il n'y a que nous qui restions ici dans une cohue d'hommes d'affaires et de petits boutiquiers. Je vous assure, père, que vous devriez réclamer. Avec votre nom notre place est là-bas.

HANS

D'autant plus que c'est le seul endroit où on s'amuse encore. Il paraît qu'il s'y donne des parties tous les soirs. On dit même qu'on y est assez bien servis. Le gardien chef est un ancien maître d'hôtel de l'Adlon.

LE COMTE, *souriant.*

Mes pauvres enfants, je crains que vous ne rêviez...

GERTRUD

Bien sûr, vous, père, vous n'avez jamais su faire valoir vos droits. Toute l'aristocratie est à la prison centrale, et vous au fond, vous êtes tellement snob que cela vous ravit d'être enfermé ici avec les petits bourgeois. Vous n'avez jamais rien voulu faire comme les autres.

LUDWIG

Mon cher beau-père, permettez-moi de vous dire que je suis exactement de l'avis de Gertrud. Dans l'épreuve que nous traversons notre seule consolation est d'être entre nous. Hier j'ai rencontré mon tailleur; ce matin j'ai évité de justesse mon bottier, auquel je dois beaucoup d'argent et qui en aurait profité pour faire ami ami, avec moi. C'est très désagréable.

LE COMTE, *doucement.*

Mon cher Ludwig, les petites listes qu'on vient nous lire tous les jours rendent tout à fait dérisoires vos petits agacements.

LUDWIG

Je suis officier et j'ai toujours considéré la mort comme une part normale de mon activité, mais je n'ai pas envie d'être fusillé entre mon tailleur et mon bottier. C'est mon droit.

LE COMTE, *doucement.*

Vous savez, entre cadavres...

GERTRUD *s'écrie indignée.*

Père! Mais on ne fusillera jamais Ludwig! Il n'a jamais rien fait de sa vie. On ne peut pas dire qu'il ait sucé le sang du peuple, il a toujours été incapable de gagner un sou!

LE COMTE, *gentiment.*

Eh bien, j'espère que ça lui sera compté.

LA COMTESSE

Sigmund, vous êtes odieux. J'ai toujours dit que vous étiez un démagogue, ces enfants ont parfaitement le droit d'être avec leurs amis. Et si vous ne voulez pas le faire, j'irai trouver le directeur de cette prison, moi, et je ferai un beau tapage...

*Des soldats sont entrés entourant un fonctionnaire qui tient une liste à la main. Le brouhaha de la prison a fait place à un profond silence.*

LE COMTE *fait taire fermement la Comtesse.*

Un peu de décence. C'est l'heure de la liste et certains d'entre nous vont mourir.

*Dans le silence effrayé qui s'est fait, quelques-uns se sont levés et regardent avec épouvante l'homme du destin. Un petit homme assez falot, qui s'apprête à lire sa liste.*

*Le Comte met son monocle et s'exclame soudain:*

Mais... mais c'est Albert!

LA COMTESSE, ravie.

Mais oui, c'est lui!

Elle crie:

Albert! Mon petit Albert!

LE COMTE, dur.

Taisez-vous. C'est indécent. Vous n'avez jamais parlé à cet homme sur ce ton.

*L'homme à la liste a promené sur eux un regard atone. Il ne semble pas les reconnaître. Pourtant on dirait que quelque chose brille dans son œil quand il commence à lire sa liste.*

L'HOMME, lisant.

Ex-Graf Sigmund von Valençay; ex-Gräfin Hermina von Valençay, Hans von Valençay; Ludwig von Kuberstrof; Gertrud von Kuberstrof; ex-Baronin Mina von Braheim. Tous au greffe!

*Il repart. Les autres le regardent toujours figés.*
*Le Comte le premier s'avance suivi des autres.*
*Les soldats les suivent. Les autres détenus les regardent partir, à demi-attristés, à demi-soulagés.*

*Le décor d'un salon communiquant avec d'autres pièces en enfilade par de hautes portes dorées.*
*Des soldats introduisent le groupe des prisonniers.*

◇     LA COMTESSE, *qui inspecte tout à travers son face-à-main.*

C'est assez convenablement installé, quoique ce ne soit pas d'un goût absolument sûr. Ce grand fauteuil français, qui est joli en soi, n'est pas à sa place.

LE COMTE, *narquois*.

Nous réclamerons.

LA COMTESSE

Faites de l'esprit ou tentez d'en faire, comme toujours. C'est un fait qu'ils ont pris notre situation en considération. Ce n'est pas le rêve, les rideaux sont vraiment provinciaux et le mobilier déplorablement munichois, mais c'est une amélioration.

LUDWIG

Il est évident que s'ils avaient voulu nous fusiller, ils ne nous auraient pas transférés ici.

LA TANTE MINA, *qui a été visiter*.

J'aimerais avoir la chambre qui donne sur le jardin avec le cabinet de toilette.

LA COMTESSE, *aigre*.

Comme cela, la salle de bains, car il n'y en a qu'une en état de fonctionner, sera commune! Il y a beau avoir des révolutions, votre égoïsme en sort intact, ma chère Mina!

LA TANTE MINA

Je dois comprendre que votre choix est déjà fait. En somme, il n'y a rien de changé!

### LE COMTE

Je vous serais reconnaissant de nous épargner vos éternelles disputes. Il nous est indifférent de savoir où vous installerez vos pots de crème, si vous pensez avoir le temps de vous en servir. Ces gens-là vont probablement nous faire travailler.

### LA COMTESSE

Quelle horreur!   ◆

### LE COMTE

Ce qui m'intrigue, c'est cette corde. Je me demande à quoi peut bien servir cette corde.

*En effet, on découvre sur deux piquets une corde qui sépare le grand salon en deux parties égales, et qui semble, par une porte ouverte, se continuer dans l'enfilade des pièces, ménageant une sorte de couloir insolite tout le long des salons.*
*Ils examinent tous la corde sans comprendre.*

### LA TANTE MINA, *soudain.*

Vous êtes bêtes, c'est tout simplement pour nous empêcher de nous échapper!

*On hausse les épaules à cette réflexion enfantine.*

### HANS, *surgissant de la pièce voisine.*

Papa, j'ai compris où nous sommes. Je me suis orienté par les fenêtres, sur la Caserne de la Garde, le Palais de Justice et le monument de la Reine Wilhelmine. D'après la position des jardins, ce ne peut être que l'ancien hôtel des Waldshutz!

### LA COMTESSE *sursaute.*

Nous sommes chez les Waldshutz? J'avais juré que je ne remettrais jamais les pieds chez des gens pareils. Avez-vous oublié ce qu'ils ont fait à notre pauvre Tante Hélène? Sigmund! Vous devez aller immédiatement protester ...

LE COMTE, *sortant soudain de sa réserve.*

Fichez-moi la paix! Je n'irai protester nulle part! Ces gens-là nous logent où ils veulent. Nous ne sommes pas chez les Waldshutz, puisque les Waldshutz ne sont plus chez eux. Il faudrait tout de même vous mettre dans la tête qu'il y a eu une révolution.

LA TANTE MINA

Mais pourquoi nous loger chez les Waldshutz, au lieu de nous loger chez nous?

LE COMTE

C'est ce que nous saurons quand ils voudront bien nous le dire, s'ils veulent nous le dire.

*A ce moment entrent des soldats et le Commissaire du Peuple, un petit intellectuel à lunettes, gauche et méchant, mais affectant parfois des manières élégantes.*
*Il est suivi d'Albert, l'ancien maître d'hôtel.*

LA COMTESSE

Albert! Voici Albert!

LE COMTE, *bas.*

Pas un mot, s'il vous plaît. Cet homme a été à votre service. Ayez la décence de vous en souvenir.

LE COMMISSAIRE

Ils sont tous là?

### ALBERT

Tous, Camarade Commissaire.

### LE COMMISSAIRE *prend sa liste.*

Ex-Graf Sigmund von Valençay.

### LE COMTE

C'est moi.

### LE COMMISSAIRE

Ex-Gräfin Hermina von Valençay.

### LA COMTESSE

Je suis enchantée, Monsieur. Puis-je vous demander votre nom?

### LE COMMISSAIRE *la regarde l'œil froid et continue:*

Ex-Baronin Mina von Braheim.

> *Tante Mina fait une révérence.*

Hans von Valençay. Ludwig von Kuberstrof.

> *Ludwig claque les talons.*

Vous avez été officier dans l'ancienne armée?

### LUDWIG

J'ai eu cet honneur.

LE COMMISSAIRE

Bien. Où est Gertrud von Kuberstrof?

LUDWIG

Ma femme prend un bain, Monsieur.

LE COMMISSAIRE, *à deux soldats.*

Allez la chercher, camarades.

LUDWIG, *bondissant.*

Mais, par exemple, je ne permettrai pas! Il est inadmissible!...

LE COMTE, *le faisant taire doucement.*

Tout est admissible maintenant. Mettez-vous ça dans votre petite tête.

LUDWIG

Mais enfin, mon cher, mon honneur...

LE COMTE

Vous n'avez plus d'honneur.

*Les deux soldats sont revenus avec Gertrud, nue dans un drap de bain, une serviette de toilette autour des cheveux, très jolie et très simple.*

GERTRUD

Mais lâchez-moi, voyons...

LE COMMISSAIRE *la contemple longuement.*

Ouais! Elle est pas mal roulée, mais vous croyez qu'elle est bien le personnage? On dirait une bonne petite ménagère allemande, voilà tout. Elle sait porter la toilette, au moins?

### ALBERT

Oh ça, Camarade Commissaire! Il faut qu'il y ait eu la Révolution pour que vous la voyiez comme ça! Ça passait trois heures dans ses pots de crème à se pomponner avant de se montrer tous les matins. Ça avait douze robes par saison et ça en essayait deux ou trois, avant de se décider à descendre pour le déjeuner.

### LE COMMISSAIRE

Il faudra veiller à ce qu'elle ait une douzaine de robes.

*Il rectifie.*

Deux douzaines. Et à ce qu'elle en change souvent. Il ne faut pas lésiner pour le peuple.

### ALBERT

Comptez sur moi, Camarade Commissaire, je la dresserai. D'ailleurs, s'habiller, se déshabiller, c'est tout ce qu'elle sait faire.

### LE COMMISSAIRE

Bien.

*Il les contemple un moment en silence, puis commence:*

Vous êtes des chiens, des vipères lubriques, des sangsues qui ont sucé le sang du peuple et vous payez maintenant. Vous avez entendu les salves à la prison? Tous vos pareils passeront à la casserole et vos enfants de moins de quinze ans — après un temps de rééducation — à l'usine! On tâchera de leur apprendre à vous oublier et à accéder à la dignité d'ouvrier. Seulement, ils ne pourront jamais dépasser l'échelon manœuvre balai. Ouvrier spécialisé et à plus forte raison, les études pour devenir ingénieur, pas question! Ils ne sont pas assez bien nés pour ça. A la prochaine génération, on verra. Avec prudence. Voilà pour les enfants. Pour les adultes, élimination physique pure et simple, c'est la seule méthode qui ait fait ses preuves jusqu'ici... Seulement il y a l'éducation du peuple. Et il ne faut pas que le peuple oublie... Il faut que dans dix ans, quand on vous aura tous liquidés, les fils des ouvriers qui ont fait la Révolution puissent comprendre eux aussi ce que cela a été la classe bourgeoise. Les adultes, pas de danger qu'ils oublient, ils ont assez sué pour vous au cours de leur chienne de vie; ◇ mais on s'est posé la question au Comité Central... Je me donne la peine de vous expliquer tout ça pour que vous compreniez ce qu'on va vous faire faire. Maintenant, tout est à la culture. Partout, dans chaque ville importante s'ouvre un musée du peuple, car il va falloir qu'il se cultive, le peuple...

Finies les parties de boules et la rigolade. Les loisirs, ça doit être sérieux, comme le reste. Travail et culture! On doit sa culture au Parti. Il y aura des examens trimestriels de fin d'année avec incidence sur les tickets de rationnement. Celui qui se sera cultivé, il aura droit à un bon de chaussures. Celui qui aura renâclé — à l'histoire de l'art, par exemple — des galoches! Le peuple sera sévère avec lui-même...

*Il les contemple, hargneux.*

Je ne vous demande pas si vous avez compris, parce qu'avec vos gueules de rétrogrades, je vois très bien que vous ne pouvez pas comprendre... Bon. Je continue. Dans la culture du peuple, il y a l'histoire. Et dans l'histoire, il y a malheureusement votre classe de chiens lubriques QUI EST UN FAIT HISTORIQUE. Et ce fait historique, il faut que le peuple puisse le connaître, comme les autres. C'est grâce à ce détail que vous n'êtes pas en train de commencer à bouffer les pissenlits par la racine comme vos petits amis.

Le gouvernement provisoire a décidé que dans chaque ville importante une famille bourgeoise serait épargnée, qu'elle continuerait à vivre à sa façon et que le peuple serait admis, pendant ses heures de loisir, à venir la regarder vivre pour ne pas oublier. ◆ Vous avez été recommandés au Comité par le Camarade Albert qui vous connaît bien et qui a dit que vous feriez l'affaire. Ici, c'est un Musée du Peuple. Vous allez y vivre comme chez vous, comme autrefois, et derrière ces cordes, le peuple viendra vous regarder. Oui, comme au zoo! Et tâchez de les faire rire, bande de singes! Pour le détail, le Camarade Albert, qui est chargé de ce service, vous expliquera.

Je vais rendre compte au Comité et on vous inaugurera demain. Tâchez d'être prêts et de faire l'affaire! Car n'oubliez pas qu'il y a d'autres candidats qui préféreraient ça, de beaucoup, à la racine des pissenlits!

*Il est sorti avec les soldats, les laissant avec Albert.*

LA COMTESSE *lui dit comme autrefois:*

Albert! Vous allez me dire immédiatement ce que tout cela signifie!

ALBERT, *calme.*

Ça signifie que le bon temps est fini et qu'il va falloir d'abord prendre un autre ton avec moi, ma petite dame.

LA COMTESSE *sursaute.*

Votre « petite dame », Albert?

ALBERT

Parfaitement! Et même si vous avez encore un collier autour du cou — et encore un cou — c'est grâce à moi! Parce que les candidats au Musée du Peuple, permettez-moi de vous dire qu'il n'en manquait pas pour sauver leur peau! Votre coup de veine, à vous et à toute la famille, c'est que j'étais chef d'une section. Il y a dix ans que j'ai ma carte. J'étais là quand le Comité révolutionnaire a décidé la chose. J'ai levé le doigt et j'ai dit: « Camarades! J'ai été larbin et mes singes comme affreux bourgeois, c'était ce qu'on pouvait faire de plus dégueulasse. Vous ne trouverez pas mieux! » Bien, qu'ils m'ont dit: «On les prend à l'essai!»

*Il ajoute, calme:*

J'ai dit: à l'essai.

LE COMTE

Mon cher Albert, croyez que nous vous sommes infiniment reconnaissants de ce que vous avez fait pour nous.

LA COMTESSE, *aigre.*

Vous allez certainement en profiter pour vous venger, pour nous humilier?

ALBERT, *calme*

Même pas, car moi vous ne m'avez jamais humilié. Vous avez cru, sans doute, le faire, certains jours, mais c'était votre vision de bourgeois. Le domestique, il ne s'humilie pas comme ça, pas pour ce que vous croyez. Quand vous montiez sur vos grands chevaux, derrière vos doubles mirettes, je rigolais doucement. « Bien, madame la Comtesse. Oui, madame la Comtesse. » La place était bonne et vous payiez bien et je savais des choses que vous ne saviez pas. Par exemple, votre café, vous vous rappelez, quand vous me disiez: « Albert, comment se fait-il que ce café soit toujours amer?» — «Je ne sais pas, madame la Comtesse.» Erreur. Je savais très bien. Je pissais dedans.

LA COMTESSE, *s'évanouissant.*

Oh! C'est trop! Un fauteuil!

ALBERT, *de glace.*

Derrière vous. Prenez-le vous-même. Et vous en apprendrez d'autres... Voilà pourquoi le capitalisme, je l'ai supporté. Seulement, je croyais que je n'aurais jamais la permission de vous le dire que je pissais dans votre café. La Révolution, elle, m'a permis la révélation.

MINA, *avec une fureur de petite fille.*

Eh bien! Eh bien, Albert, si vous devenez un personnage important du régime, je souhaite que vous ayez un valet qui fasse aussi pipi dans le vôtre, voilà!

ALBERT, *gentil soudain.*

Soyez pas méchante, tante Mina: trois gouttes! D'ailleurs ne vous plaignez pas. Est-ce qu'il était acide le vôtre, tante Mina?

### TANTE MINA

Jamais, je dois le reconnaître.

### ALBERT

Dans le vôtre, je ne pissais pas. Parce que baronnesse ou non, vous étiez une brave femme.

### LE COMTE

Mon cher Albert, si nous tâchions d'oublier le passé?

### ALBERT

J'allais vous le dire. Mais pas de familiarités! N'abusez pas de la situation, appelez-moi Camarade sous-commissaire adjoint!

### LE COMTE

C'est un peu long.

### ALBERT

Eh bien, ne m'appelez pas. Sonnez, comme autrefois.

### LE COMTE

Parce que vous allez rester à notre service? C'est merveilleux!

### ALBERT

A votre service! Faut quand même pas rêver! Pendant les représentations, c'est tout.

LE COMTE

Quelles représentations?

ALBERT

Le Musée du Peuple sera ouvert matin et soir; de huit heures à dix heures:
«Le lever du Bourgeois». De midi à quatorze heures: «Le repas du
Bourgeois» et le soir de neuf à onze heures: «La soirée du Bourgeois.» Les
représentations du matin seront réservées aux travailleurs. Et le soir entrée
libre. Ils pourront revenir avec leurs familles s'ils y ont pris goût. Mais le
soir il y aura la queue, moi, je vous le dis!

LA COMTESSE, *qui est revenue à elle intéressée.*

La queue? Mais qu'est-ce qu'ils feront?

ALBERT

Là. Derrière ces cordes. Ils vous regarderont.

LA COMTESSE

Ils nous regarderont faire quoi?

ALBERT

Vivre, c'est tout. On vous demande de vivre, comme avant, mais pour
le peuple, derrière ces cordes. Pour son instruction et son divertissement.

TANTE MINA, *affolée.*

Nous devrons apprendre des rôles? Mais je n'ai aucune mémoire! J'ai
jamais su une fable!

ALBERT, *gentil.*

Mais non, tante Mina. Mais t'affole pas comme ça, ma grosse cocotte. Qu'est-ce que tu faisais tous les soirs dans un coin du salon? Tu tricotais des chaussettes pour les pauvres?

TANTE MINA

Oui.

ALBERT

Eh bien, pour toi, ça ne sera pas plus difficile. Tu continueras à tricoter. Seulement maintenant que la Révolution est faite, comme il n'y aura plus de pauvres, on se demande bien à qui on les donnera... Enfin! Ils verront ça au Comité Central.

TANTE MINA, *indignée.*

Parce qu'on va me prendre aussi mes pauvres?

ALBERT

Il n'y en a plus, je te dis!

TANTE MINA

La famille Bruckart n'a plus sept enfants en bas âge?

ALBERT

L'Etat s'en charge!

TANTE MINA

La mère n'est plus tuberculeuse?

ALBERT

L'Etat s'en charge!

TANTE MINA

Son ivrogne de mari ne boit plus?

ALBERT

L'E...

*Il s'arrête.*

Enfin ça! On ne peut pas tout faire en même temps. Au Comité du Plan ils ont dû prévoir aussi les ivrognes. Ils ont tout prévu.

LUDWIG, *s'avançant raide.*

Monsieur Albert!

ALBERT

Camarade sous-commissaire adjoint, si vous voulez bien. Il n'y a plus de monsieur.

LUDWIG

Sous-commissaire adjoint...

ALBERT, *le reprenant*

Camarade sous-commissaire adjoint.

LUDWIG

Camarade, vous allez dire à vos nouveaux maîtres qu'on peut venir me prendre et me fusiller. Je suis un ancien officier. Je ne ferai pas le pitre pour distraire la racaille. Rompez!

*Il claque les talons.*

ALBERT, *doucement.*

Faites l'idiot, monsieur Ludwig! On ne vous demande pas de faire davantage le pitre que vous n'aviez l'habitude de le faire.

*Il l'imite.*

Le monocle, les talons qui claquent. Distraire la racaille. Rompez!

Continuez comme ça, ça ira très bien. Et la nation vous nourrira gratis. Plaignez-vous!

LUDWIG

Je leur tournerai le dos!

ALBERT

Bravo! Ça sera dans le rôle.

LUDWIG

Ils n'auront pas un regard de moi!

ALBERT

Je l'espère bien! C'est si vous vous mettiez à être poli que ça n'irait plus. On vous dit qu'on veut que le peuple, il vous voie tels que vous étiez! Madame Gertrud, elle est d'accord, n'est-ce pas?

GERTRUD

Le commissaire a parlé de deux douzaines de robes. D'où les fera-t-on venir? Si j'accepte, c'est à la condition expresse de ne pas être fagotée!

ALBERT

Comptez sur moi! ◇ Le jour où la Révolution a éclaté, il y avait un gala français au Grand Hôtel, avec une présentation de Poiret. Les mannequins se sont réfugiées à l'Ambassade, mais elles ont laissé leurs robes. Je me suis fait faire un bon de réquisition et je suis arrivé le premier — de justesse! Je voulais que mes bourgeois à moi, ils soient les mieux vêtus!

GERTRUD, *ravie soudain.*

Toute la collection de Poiret, pour moi? Mais c'est merveilleux!

ALBERT, *bon enfant.*

Quand je vous dis que ça a du bon, les révolutions! ◆

HANS *s'est avancé.*

Après tout, père, qu'est-ce qu'on risque à accepter? Moi, j'ai vingt ans, père. L'Europe entière sera peut-être bouleversée et de toutes façons il n'est pas question de passer les frontières. Je compte bien m'adapter au monde de demain. Je travaillerai. Au besoin, de mes mains.

ALBERT, *sévère soudain.*

Minute, mon coco. Pas question de s'adapter à rien du tout. Tu ne te figures tout de même pas qu'on va te permettre de devenir un ouvrier, et de bénéficier des avantages des travailleurs? Travailler de tes mains? Tu es tombé sur la tête! Le joli cœur, oui, le bon à rien comme avant, le poker, la danse, le tir aux pigeons, les soulographies, oui! A ce propos, on va rationner l'alcool mais pour vous, pendant les représentations, il sera libre.

On tient à ce que le peuple vous voie ronds! Et pour l'amour — les petites femmes de chambre, derrière les portes — et à vie!

HANS , *soudain intéressé.*

Ah! On aura des femmes de chambre?

ALBERT

Oui!

HANS

Jolies?

ALBERT, *pris de court.*

Ah ça, on n'y a pas pensé! Comme fonctionnaire chargé de la représentation, c'est moi qui devais assurer le service mais seul, ça sera beaucoup — il n'y a pas de raison qu'on ait fait la Révolution pour que j'aie deux fois plus de travail... J'avoue qu'on n'a pas prévu. ◇ On ne peut pourtant pas donner une fille du peuple en spectacle... Bah! On tâchera de trouver une actrice, une de celles qu'on a coffrées parce qu'elles couchaient avec des grossiums; elle sera trop heureuse de jouer ce rôle au lieu d'être tondue. ◆

LA COMTESSE, *au Comte.*

A votre avis, quelle doit être notre attitude, Sigmund?

LE COMTE, *doucement.*

Oh... je pense que nous n'avons pas d'attitude à avoir. C'est dorénavant au-dessus de nos moyens. N'en déplaise à Voltaire, nous sommes des ilotes; nous jouerons les ilotes!

ALBERT

Vous montez pas encore la tête; vous êtes des amuseurs du peuple, vous êtes pas des ilotes. Qu'est-ce que c'est d'abord des ilotes?

LE COMTE

C'était un peuple asservi par les Spartiates et ramené au rang d'esclave. Les Spartiates les enivraient à dessein et leur donnaient licence de faire toutes les horreurs possibles et imaginables, afin que les enfants spartiates, les contemplant, prennent le vice en horreur.

ALBERT, *surpris.*

Ah! Ils avaient déjà eu l'idée dans le temps? Et ça a donné quelque chose?

LE COMTE

Sur le moment, oui, sans doute. Mais, vous savez, il y a plus de deux mille ans. Toutes les choses se tassent, Albert, même les révolutions.

ALBERT, *après un silence, doucement.*

Je sais bien, monsieur le Comte... C'est pourquoi... On ne sait jamais, s'il y avait une réaction des grandes puissances ou enfin quoi — un accident... Il faudrait tout de même vous souvenir...

LE COMTE, *lui tapant sur l'épaule.*

Mais c'est bien comme ça que je l'ai pris, mon cher Albert. Allez donc voir dans la bibliothèque des Waldshutz s'il reste des cigares. Il y a quinze jours que je n'en ai pas fumé.

ALBERT, *après une hésitation, tire un cigare de sa poche.*

Il n'y a rien chez les Waldshutz, ni autre part, bien entendu. Mais, tenez, je suis passé un des premiers chez vous. C'est un des vôtres. Mais le Comité a dit que, pendant les représentations, ils vous en fourniraient.

LE COMTE, *tirant un cigare de la poche d'Albert.*

Permettez-moi de vous en offrir un puisque ce sont les miens et fumons donc ensemble. Ça ne nous est jamais arrivé.

ALBERT *allume une allumette, s'apprête à allumer la cigarette du Comte, puis se ravise.*

Que voulez-vous, monsieur le Comte, il fallait bien que cela change un jour ou l'autre... Il y avait trop d'abus.

LE COMTE, *doucement aussi.*

Bien sûr, Albert. Remarquez qu'il y en aura d'autres de l'autre côté. Ça fera une moyenne. Comme je disais, toutes les choses se tassent et nous commençons à nous faire vieux, vous et moi ... Mais la réaction de Hans m'a plu tout à l'heure. Il a vingt ans lui et si votre nouveau monde dure...

ALBERT, *qui fume près de lui, détendu.*

Écoutez, monsieur le Comte, je ne vous dis pas oui tout de suite. Il ne faut quand même pas demander l'impossible. Mais dans quelque temps, avec beaucoup de protections — j'ai de bons copains au Comité central — je tâcherai de le faire entrer dans une usine!

LE COMTE, *reconnaissant.*

Merci, Albert!

ALBERT

Allons! Il faut que, demain, tout soit prêt pour l'inauguration.


TANTE MINA, *tendant sa cape à Albert*
*pour qu'il la dépose sur ses épaules.*

Albert.

*Albert, en fait, la jette sur le bras de tante Mina.*


TANTE MINA, *choquée.*

Oh!


★      ★      ★      ★      ★



*C'est le matin de l'inauguration.*
*Albert s'est mis en habit comme autrefois.*
*La Comtesse nerveuse comme une actrice attendant le lever du rideau.*


LA COMTESSE

J'ai un trac. Je ne vais pas savoir parler.


ALBERT

Faites comme d'habitude. On ne vous en demande pas plus. Mettez votre face-à-main et dites-moi: « Albert, comment se fait-il que ce café soit si acide? »

LA COMTESSE, *épouvantée*.

Parce que vous allez recommencer?

ALBERT, *magnanime*.

Non. Maintenant que la Révolution est faite, je ne pisserai plus dans votre café.

GERTRUD *entre dans un déshabillé éblouissant*.

Mon cher petit Albert, comment trouvez-vous mon déshabillé? Un peu extravagant, n'est-ce pas, mais tellement parisien!

*A Ludwig.*

Quand je pense que vous ne vouliez pas que je m'habille chez Poiret parce que vous trouviez ça ridiculement cher, et qu'il a fallu que ce soit Albert qui me procure ce plaisir!

ALBERT, *modeste*.

Oh, moi, ça ne m'a pas coûté cher!

GERTRUD

Non. Mais vous en avez eu l'idée... Mon maquillage est bien, Albert? Pas trop pour un matin? J'ai une peur!

ALBERT, *l'examinant*.

Ça ira. A vrai dire, c'est plutôt un maquillage du soir. Vous en mettiez moins le matin.

GERTRUD

Oui, mais avec le public...

ALBERT

Et puis ça fera plaisir au peuple. Il a l'habitude d'imaginer les bourgeoises peinturlurées comme des actrices.

HANS

A propos d'actrices, vous l'avez trouvée la femme de chambre?

ALBERT

Oui, on l'aura ce soir.

HANS

Jolie?

ALBERT *bougonne.*

J'aurais dû vous en prendre une laide, après ce que vous m'en avez fait baver, sale petit morveux; quand vous rentriez saoul à trois heures du matin, j'étais obligé de vous attendre... Mais enfin, j'en ai pris une jolie...

HANS

Oh, enfin, Albert! Vous avez été jeune aussi, Albert!

ALBERT, *sec.*

Pas comme ça. A propos, vous êtes saoul.

HANS

Comment voulez-vous que je sois saoul, avec ce qu'on me donne à boire depuis quinze jours?

ALBERT

Tant pis. Pour ce matin il faudra faire semblant. Et vous refusez le petit déjeuner bien entendu, comme d'habitude.

HANS

Pourquoi?

ALBERT

Bicarbonate.

HANS *s'écrie.*

Mais j'ai faim aujourd'hui.

ALBERT

M'en fous! La présentation doit être réussie.

◇ LA COMTESSE

Moi aussi, Albert, je commence à avoir faim. Voulez-vous servir, s'il vous plaît?

ALBERT

Quand le Comité sera là. Vous ne vous figurez pas que les camarades cuisiniers vont faire des heures supplémentaires pour vos sales gueules de bourgeois? Gardez bien vos places: le Comte, la Comtesse, Mina, Gertrud, Hans, Ludwig.

*Deux soldats entrent, précédant le Comité.*
*Albert rectifie la position et annonce aussitôt très respectueusement:* ◆

Madame la Comtesse est servie!

*Il commence à tourner autour de la table.*

TANTE MINA *balbutie:*

J'ai peur. Je meurs de peur. J'ai jamais pu parler en public.

ALBERT, *bas.*

T'en fais pas, ma grosse cocotte.

*Il enchaîne.*

Mademoiselle la baronnesse prendra-t-elle son thé au lait ou au citron?

TANTE MINA

Nature.

ALBERT, *bas.*

Un peu plus haut, ma cocotte, et ça ira...

TANTE MINA, *parlant très fort.*

Merci, Albert.

ALBERT *est passé à la Comtesse, glacée de terreur.*

Et vous, dites quelque chose, ou ils vous foutent dehors.

*Il enchaîne.*

Madame la Comtesse prendra-t-elle son œuf?

Allez-y bon Dieu, ouvrez-la!

*Profitant d'un moment où il n'est pas vu, il lui lance une bourrade dans le dos.*

### LA COMTESSE

Albert!

### ALBERT

Madame la Comtesse?

### LA COMTESSE

Je trouve que vous vous relâchez beaucoup dans le service, depuis quelque temps.

### ALBERT

Bien, madame la Comtesse. J'y veillerai, madame la Comtesse.

*Le Comité révolutionnaire, des ouvriers âgés, quelques intellectuels, dont le commissaire et le camarade président, un bon géant barbu comme Karl Marx, vêtu en petit bourgeois, regardent gravement la scène.*

### UN COMMISSAIRE-OUVRIER

Tu as vu comme elle lui a parlé à son larbin? Et dire qu'on a souffert ça.

### L'AUTRE COMMISSAIRE-OUVRIER

Oh! Je vais te dire, c'était un métier de feignant. C'était bien fait pour eux.

### ALBERT

Le café!

LA COMTESSE

Non...

ALBERT

Si, si... Monsieur le Comte...

LE COMTE

Merci, Albert. Merci.

*Albert continue à verser.*

J'ai dit «Merci, Albert.»

◇       LE COMMISSAIRE INTELLECTUEL, *au président.*

Ils sont assez bons, n'est-ce pas, Camarade Président?

LE CAMARADE PRESIDENT, *à haute voix.*

Ils sont pas mal, mais je trouve que la vieille, elle est pas assez distinguée.

LE COMMISSAIRE INTELLECTUEL, *obséquieux.*

Vous croyez, Camarade Président?

LE CAMARADE PRESIDENT

J'en ai vu, moi, des bourgeoises aux kermesses de ma ville. Elles levaient leur petit doigt en tenant leur tasse. ◆ Celle-là, elle lève pas son petit doigt, elle est pas assez distinguée. On aurait pu trouver mieux.

### LE COMMISSAIRE INTELLECTUEL

Eh bien alors, je vais en faire la remarque au Camarade sous-commissaire adjoint qui est chargé du service.

*Il appelle.*

Camarade Albert!

ALBERT *s'avance jusqu'à la corde.*

Camarade Commissaire?

### LE COMMISSAIRE

Le Camarade Président trouve que la vieille n'est pas assez distinguée. Est-ce que vous pourriez nous la changer?

### ALBERT

La Comtesse? Mais... Camarade Commissaire, je... je vous assure que c'était le gratin du gratin dans son temps. Elle est cousine des von Bulow.

### LE CAMARADE PRESIDENT

Peut-être, mais je trouve qu'elle devrait lever son petit doigt en tenant sa tasse. Les bourgeoises, ça levait le petit doigt en buvant.

### ALBERT

Les petites bourgeoises seulement, Camarade Président; mais dans l'aristocratie je peux vous affirmer, Camarade Président, qu'on ne levait pas le petit doigt.

### LE CAMARADE PRESIDENT, *troublé.*

Ah? C'est historique?

### ALBERT

Historique.

### LE COMMISSAIRE

Et le Camarade Albert est un des meilleurs spécialistes de la question. Le Camarade Albert, il a servi vingt ans chez les aristocrates.

### LE CAMARADE PRESIDENT

Alors, si c'est historique... La Révolution fait confiance à ses spécialistes... Continuez!

*Albert regagne le salon où les autres attendaient, inquiets.*

### ALBERT

On enchaîne...

### LE COMTE, *appelant.*

Albert!

### ALBERT

Monsieur le Comte?

### LE COMTE

Ouvrez la fenêtre, mon ami; j'ai un peu chaud.

### ALBERT

Bien, monsieur le Comte.

*Il va ouvrir la fenêtre.*

LE COMTE

Albert!

ALBERT

Monsieur le Comte...

LE COMTE

Réflexion faite, fermez la fenêtre. Il fait froid.

ALBERT

Bien, monsieur le Comte.

LE COMTE

Et je vous prie de veiller dorénavant à ce que mes toasts soient mieux grillés, n'est-ce pas?

ALBERT

Bien, monsieur le Comte. J'y veillerai, monsieur le Comte.

*Il s'éloigne. Le Comte le rappelle.*

LE COMTE

Albert!

ALBERT, *revenant.*

Monsieur le Comte?

*Le Comte a laissé tomber son mouchoir.*

LE COMTE

Ramassez-moi mon mouchoir.

*Un murmure d'horreur et d'admiration parmi les membres les plus simples du Comité, tandis qu'Albert ramasse le mouchoir.*

ALBERT

Bien, monsieur le Comte.

*En ramassant, il lui dit bas:*

Qu'est-ce qui vous prend, vous ne m'avez jamais fait ça?

LE COMTE, *entre ses dents.*

Je joue bien, moi, mon vieux. Je tiens à ce que le peuple en ait pour son argent.

ALBERT, *même jeu.*

Oh! N'en faites pas trop tout de même.

LE COMMISSAIRE-OUVRIER

Celui-là, il est vraiment bon. Qu'est-ce qu'il lui en fait baver à son larbin!

LE COMMISSAIRE INTELLECTUEL

Il est en effet remarquable; n'est-ce pas, Camarade Président?

LE CAMARADE PRÉSIDENT

Oui, celui-là a vraiment l'air d'un bourgeois. Mais celle qui fait sa femme, je trouve qu'elle a pas l'air assez distingué.

LA COMTESSE, *qui a entendu, au Comte.*

C'est insensé!

LE COMTE

Jouez mieux, Herminie, jouez mieux, et vous aurez autant de succès que moi.

LA COMTESSE

Mais qu'est-ce qu'ils entendent par distingué?

LE COMTE

Jouez pour eux. Ils ne veulent pas vous voir telle que vous êtes. Ils veulent vous voir telle qu'ils vous imaginaient.

LA COMTESSE

C'est pas une vie!

LE COMTE

Peut-être, mais c'est la seule qui nous soit offerte.

◇       LE COMMISSAIRE-OUVRIER

Plus haut! Plus haut! Camarade Albert, on ne les entend pas vos bourgeois. Quand le peuple sera là, il faut qu'il entende tout.

ALBERT

Vous avez entendu, vous autres? On vous demande de parler plus haut.


LA COMTESSE

Mais nous ne serons plus naturels!


ALBERT

On ne vous demande pas d'être naturels, on vous demande de vous faire entendre du public. N'oubliez pas qu'il y a d'autres candidats à la place. ◆ Allez, animez-vous un peu! Faites-nous une petite dispute de famille, pour les camarades du Comité.

*Les autres restent muets, gênés.*

Vous n'allez pas me dire que vous n'avez pas d'idées... Comme des chiffonniers vous vous disputiez tous les matins! Allez, vous, la Comtesse, la grande scène du mois de janvier dernier, quand vous avez appris que votre mari faisait coucher sa maîtresse à la maison pendant votre voyage à Paris. Vous allez voir, Camarades Commissaires, pour les scènes de ménage ils n'ont pas leurs pareils, ces deux-là! Des champions! Allez-y donc! Vous vous la rappelez pourtant bien la petite Zizi du Paradise?


LA COMTESSE, *aigre soudain, au Comte:*

Parce qu'Albert aussi était au courant?


LE COMTE *hausse les épaules.*

Vous avez crié si fort, ma chère, que la rue entière était au courant.


LA COMTESSE

Vous en aviez fait votre complice, votre rabatteur peut-être? Quand vous n'osiez pas vous rendre dans les coulisses de ces établissements crapuleux

avec votre nom et vos décorations, c'est lui que vous envoyiez à votre place?
Vous êtes un monstre! Tenez, pour parler comme ces messieurs, vous êtes
une vipère lubrique!

*Le Comité s'esclaffe, ravi.*

LE COMTE, *hors de lui.*

Cette scène était ridicule, comme toujours. Vous le savez parfaitement
que j'ai toujours eu des maîtresses. Et vous savez très bien pourquoi! Je vous
ai fait scrupuleusement deux enfants, Madame, comme j'ai fait deux guerres, comme c'était mon devoir. Mais pour les guerres on m'a décoré!

GERTRUD

Père, c'est indigne!

LE COMTE

C'est indigne, mais c'est vrai. C'est la Révolution, flûte! Je vide mon sac!

LUDWIG *s'avance raide.*

Cher beau-père, nous ne pouvons pas permettre...

LE COMTE

Vous, allez claquer les talons plus loin, j'ai horreur de ça. D'ailleurs, vous
n'avez rien à dire, vous trompez ma fille avec toutes les putains de la ville
et vous les choisissez moins bien que moi!

LUDWIG

Je vous interdis!

GERTRUD

Qu'est-ce que j'apprends, Ludwig?

LE COMTE

Toi, pas d'indignation! Tu changes d'amant comme de couturier, chaque saison... Ne jouons pas la surprise, ton mari le sait parfaitement!

HANS *s'est avancé.*

Papa, tout de même...

LE COMTE

Quant à toi, petit coureur en herbe, tu n'es bon qu'à engrosser les femmes de chambre de ta mère et à te saouler... Alors, même si j'ai aimé une femme, et même si elle s'appelait Zizi, ce n'est pas le jour de me le reprocher.

LUDWIG, *qui l'empoigne.*

Monsieur le Comte, vous me rendrez raison...

HANS *bondit.*

Ah non, tout de même Ludwig, vous n'allez pas toucher à papa!
*Les deux jeunes gens se battent et roulent par terre.*

TANTE MINA *crie:*

Oh! Albert!

### LA COMTESSE

Pas devant le personnel! Sortez, Albert!

### ALBERT, *très digne.*

Bien, madame la Comtesse!

*Il va retrouver le Comité.*

Alors... vous voyez bien qu'ils ont du talent, mes singes? Il suffit de les mettre en train.

### LE COMMISSAIRE INTELLECTUEL

Ils feront l'affaire. Je vais dire qu'on peut liquider les autres. Ils ne s'en tirent pas mal, n'est-ce pas, Camarade Président?

### LE CAMARADE PRESIDENT

Oui, ils sont bons. On peut leur confier le poste. Mais voyez vous, je suis un vieux socialiste et je n'en ai pas vu beaucoup de bourgeois, je pensais qu'ils étaient tout de même plus distingués!

*Le Comité est sorti bavardant, tandis que les autres se battent toujours.*

*Le soir, dans la rue, devant la porte monumentale de l'hôtel. Une pancarte de toile indique Musée du Peuple. Une immense queue de travailleurs qui attend devant l'entrée, contenue par deux soldats. La porte est encore fermée.*

*Le salon. Il est encore désert et peu éclairé.*

*Deux prisonniers vêtus de bure frottent le plancher.*

*Des soldats les gardent, des jeunes gens, presque des enfants.*

*Dans l'un des deux prisonniers nous reconnaissons l'Homme d'affaires du début.*

*Un des deux jeunes soldats examine avec beaucoup de satisfaction une statue de femme nue en marbre blanc. Il passe son gros doigt avec précaution sur ses seins et son derrière.*

◇       LE SOLDAT, *à l'autre.*

Ils avaient de beaux culs dans l'aristocratie, hein?

L'AUTRE SOLDAT

Boh. Celle-là, c'est de la pierre. Moi, quand j'étais tout môme à la campagne je lui apportais des fromages à la châtelaine. Un matin, elle me fait entrer pendant qu'elle était dans sa salle de bains, cette vicieuse. Elle a conduit elle-même ma main. Du beurre, mon vieux, du beurre.

LE SOLDAT

Ben, dis donc...

L'AUTRE SOLDAT

Mais j'étais trop môme. A cet âge on n'apprécie pas. ◆

*Les deux prisonniers frottent de toutes leurs forces. Ils se donnent beaucoup de mal, on sent qu'ils n'ont pas l'habitude.*

L'HOMME D'AFFAIRES, *en sueur, à l'autre.*

Ça va, Monsieur le Président-directeur général?

LE PRESIDENT, *noble vieillard à barbe.*

Oui ça va, je vais vous dire, quand c'est comme un miroir je finis par être content.

*Il contemple son coin, ravi.*

Il est beau hein, mon parquet?

L'HOMME D'AFFAIRES, *piteux.*

Oui, a côté du mien. Mais, moi, j'ai pas le don.

ALBERT *passe, important.*

Allons, allons, dépêchons. La séance va commencer. Je veux qu'on s'y casse la gueule sur mon parquet. Un miroir.

*Il regarde le coin du Président.*

Bon, voyons... Toi, ça va.

*Le coin de l'Homme d'affaires. . .*

Dis donc, toi, c'est lamentable. Qu'est-ce que tu faisais avant?

L'HOMME D'AFFAIRES

J'étais dans les sulfates. Président-directeur général de la Bromsfield.

ALBERT

Tu avais un garçon de bureau?

L'HOMME D'AFFAIRES

Oui.

ALBERT

Tu voulais qu'il brille, ton bureau?

L'HOMME D'AFFAIRES

Non. J'avais un grand tapis.

ALBERT, *vexé.*

Eh bien moi, j'ai pas de tapis et je veux que mon salon brille. Alors, mets-en un coup si tu tiens à ta gamelle de soupe ce soir.

*Il passe. L'Homme d'affaires frotte la chaussure d'Albert.*

L'HOMME D'AFFAIRES

On exploite le peuple. Mais j'ai rencontré quelques camarades. On va se syndiquer.

*Entre le Comte en smoking qui vient disposer les cartes sur la table de bridge pour le soir.*

LE COMTE, *reconnaissant l'Homme d'affaires.*

Tiens!

L'HOMME D'AFFAIRES, *frottant piteux.*

Ben, oui.

LE COMTE

Je croyais que vous aviez une spécialité.

L'HOMME D'AFFAIRES

J'ai constitué un dossier avec toutes mes références dans les sulfates. Ils m'ont dit, c'est parfait — et puis ils m'ont mis frotteur.

LE COMTE, *battant ses cartes.*

Eh bien, vous voyez, moi, j'ai eu de la chance. Ils avaient justement besoin de joueurs de bridge.

L'HOMME D'AFFAIRES

Mais attendez qu'ils veuillent les vendre aux Américains leurs sulfates, ils seront bien forcés de se souvenir de moi!

LE COMTE

Je l'espère, mon vieux. Un cigare?

L'HOMME D'AFFAIRES, *ébloui.*

Vous en avez encore?

LE COMTE

Tous les soirs, fournis par le gouvernement.

L'HOMME D'AFFAIRES, *amer.*

Vous croyez que c'est ça, la justice?

LE COMTE

Je ne l'ai jamais cru. Et eux non plus. Mais un seul fait est certain, c'est qu'il n'y aura jamais de cigares pour tout le monde.

L'HOMME D'AFFAIRES

Alors, il faut les supprimer!

LE COMTE

Sans doute, mais ce sera dommage. Ainsi le cordonnier et la blanchisseuse ne vous ont pas servi de caution?

L'HOMME D'AFFAIRES, *sombre.*

Ah non. Ils ne les ont pas admis. Et vous savez pourquoi?

LE COMTE

Non.


L'HOMME D'AFFAIRES, *amer.*

Parce qu'ils étaient pas mariés!

*Les soldats entrent dans un piétinement.*
*Le public entre.*
*Albert surgit.*


ALBERT

Allez, on commence! Qu'est-ce que c'est que ça?


L'HOMME D'AFFAIRES

Un cigare qu'il m'a donné.


ALBERT, *le lui arrachant.*

Interdit. Allez, ouste! Allez, vous autres!

*Il se retourne vers le Comte.*

Il ne faudrait tout de même pas exagérer, monsieur le Comte!


LE COMTE, *superbe devant le public qui est entré.*

Albert, il est neuf heures. Parlez-moi sur un autre ton et allez préparer les rafraîchissements!


ALBERT, *vaincu avec un coup d'œil*
*au public massé derrière les cordes.*

Bien, monsieur le Comte!

LE COMTE, *lui tendant la boîte.*

Et renouvelez ma provision de cigares, s'il vous plaît!

ALBERT

Bien, monsieur le Comte.

*Il sort furieux.*

*Les réactions de la foule vont maintenant jouer un grand rôle, elles seront prises en contrechamp toujours muettes, mais très expressives sur des visages pittoresques.*

*En ce moment, la foule goguenarde est assez satisfaite de voir que le Comte a réglé l'incident du cigare en mouchant Albert.*

*Gertrud est entrée dans une éblouissante robe du soir qui fait pousser un « Ah! » d'admiration aux femmes en fichu de la foule.*

LE COMTE *va à elle.*

Comme vous êtes belle ce soir, Gertrud.

*Il lui baise familièrement la main.*

C'est pour nous?

GERTRUD

Non. Je passe un moment avec vous et je vais à l'Opéra au deuxième acte pour le ballet...

*Un étonnement profond dans la foule.*

UNE FEMME *murmure.*

C'est sa fille?

UNE AUTRE *chuchote.*

Oui, c'est sa fille. Je suis déjà venue la semaine dernière.

LA JEUNE FEMME

Et ils se baisaient la main entre père et fille.

LA VIEILLE FEMME

Il paraît.

LA JEUNE FEMME *murmure.*

Ben moi, mon père...

UN OUVRIER

Taisez-vous...

GERTRUD, *soudain.*

Père, puisque nous sommes seuls, je voudrais vous parler de Ludwig.

LE COMTE, *surpris entre ses dents.*

Devant eux?

GERTRUD

Je ne m'occupe plus d'eux. Les trois premiers jours j'ai été gênée, maintenant c'est comme s'ils n'étaient pas là. Père, la scène de l'autre jour avec Ludwig m'a été très pénible.

LE COMTE, *gêné.*

Oui, j'ai été odieux. Mais nous avons tous des excuses...

GERTRUD

Cette brusque explosion de vérité m'a beaucoup frappée. C'est vrai, Ludwig me trompe avec des filles et c'est vrai que je le sais. Ne croyez pas que c'est pour ça que j'ai des amants, j'en ai eu tout de suite après mon mariage.

LE COMTE

Je le sais.

GERTRUD

Je n'ai jamais aimé Ludwig.

LE COMTE

Pourquoi l'as-tu épousé? Personne ne t'y a forcée, ta mère était même contre ce mariage, il était à demi ruiné.

GERTRUD

Il nageait, il dansait bien, il avait un joli nom, toutes mes amies avaient envie de l'épouser. La vérité c'est que j'étais une jeune fille mal élevée.

LE COMTE, *surpris.*

Tu sors du meilleur couvent. Nous t'avons envoyée à l'étranger dans les meilleures familles.

GERTRUD, *doucement.*

Justement. C'est comme ça qu'on devient une jeune fille mal élevée. Personne ne s'est donné la peine de m'apprendre à être une vraie femme. Maman n'avait aucune idée de ce que ça peut être et vous, toujours loin et gentil... J'ai toujours été seule.

*Elle ajoute.*

Et je crains bien que ce ne soit pas les amants que je prends, toujours sur le même modèle, qui risquent de me l'apprendre un jour.

*Elle conclut.*

Enfin maintenant j'en aurai plus. J'ai été très heureuse de vous parler, père.

LE COMTE, *après un temps, ému, lointain et gentil.*

Je te demande pardon, mon petit.

GERTRUD

Parlons d'autre chose.

LA COMTESSE *entre avec tante Mina.*

Ah, Sigmund, commençons-nous cette partie? Tante Mina, pour une fois, veut bien être des nôtres au lieu de tricoter pour ses pauvres.

*Elle demande bas.*

Il y a beaucoup de monde ce soir?

LE COMTE, *bas aussi.*

Vous voyez. La salle est pleine.

LA COMTESSE

Ils sont bons?

LE COMTE

Ils ne réagissent pas beaucoup, mais ils écoutent bien.

*La Comtesse va parler à un enfant.*

Mais je vous en prie, oubliez-les. Vous commencez à m'agacer, on dirait que vous travaillez pour eux maintenant.

### LA COMTESSE

Moi?

### LE COMTE

Oui, vous. Vous essayez tout le temps de faire des effets... C'est cocasse la vie. Mes parents m'ont fait épouser, trop jeune, l'héritière d'un grand domaine foncier et il a fallu une révolution pour que je m'aperçoive que j'étais marié à une cabotine.

### LA COMTESSE

Mufle! Vous êtes un mufle!

*Satisfaction dans la foule qui attend visiblement la scène de la dispute.*

### LE COMTE

Vous allez leur donner ce plaisir?

### LA COMTESSE *crie.*

Pourquoi pas? C'est la première fois que je peux dire enfin ce que je pense devant témoins. C'est un plaisir dont j'ai été privée toute ma vie.

### LE COMTE, *froid.*

C'est un plaisir dont j'ai été sevré, mais vous êtes la mère de mes enfants. C'est pourquoi je ne dirai jamais à personne ce que je pense de vous.

TANTE MINA, *qui tricote en attendant.*

Eh bien, cette partie? Voilà vingt ans que je vous entends vous disputer. Ça commence à être long.

LE COMTE

Qu'est-ce que vous tricotez, tante Mina?

TANTE MINA

Des chaussettes pour le plus jeune des Bruckart. C'est très joli, la Révolution, le plan. Mais j'aime tout de même mieux leur tricoter des chaussettes. La distribution des chaussettes au train où ils vont, c'est pas pour demain.

*Profonde satisfaction dans la foule qui approuve Mina.*

TANTE MINA

L'hiver vient et tout ce petit monde va avoir froid comme avant la Révolution.

ALBERT, *à la femme de chambre*
*qui dispose des coupes de sorbet sur un plateau:*

Doucement, doucement!

*Entre Ludwig.*

Ah! nous vous attendions pour commencer, Ludwig.

LUDWIG, *qui est en habit.*

J'ai dû me mettre en habit. Gertrud s'est mis dans la tête que nous devions aller à l'Opéra au deuxième acte pour le ballet.

### TANTE MINA

A l'Opéra? Mais ils l'ont brûlé.

### LUDWIG

Oui, je sais, tante Mina; mais elle veut faire semblant, histoire de mettre une de ses robes de gala...

*Il jette à Albert qui passe un plateau.*

Ah! Vous nous avez mis dans une belle aventure, mon vieux, avec votre collection de Poiret! Ma femme passe son temps à changer de robe.

### ALBERT

Orangeade ou citron pour monsieur le Baron?

### LUDWIG *hésite un moment.*
*Albert, agacé, s'éloigne.*

Citron. On n'est plus servi! Voulez-vous donner, cher beau-père? Qui sera le mort?

*La foule regarde avec de grands yeux la comédie.*

### UN ENFANT *demande.*

On va en fusiller un, maman?

### LA MERE, *le faisant taire.*

Mais non, tais-toi, c'est dans les cartes...

### L'ENFANT

Ah, bon.

LA COMTESSE, *jouant.*

Tante Mina, je suis très inquiète au sujet de Hans. Je trouve qu'il tourne beaucoup autour de cette petite femme de chambre.

LE COMTE

Laissez-le faire, c'est de son âge.

LUDWIG

Et de sa condition. J'aurais été beaucoup plus inquiet, dans la promiscuité de la prison de le voir s'amouracher d'une petite bourgeoise qu'il aurait voulu épouser...

TANTE MINA

Moi, je la trouve très mignonne cette petite qu'Albert nous a procurée. Pleine de réserve et de distinction. Croyez-vous que c'est drôle? Il paraît qu'elle dansait nue dans un cabaret. Et pourtant elle tricote très bien.

LA COMTESSE

Jouez donc, Mina, au lieu de dire des bêtises.

LUDWIG, *jouant.*

Figurez-vous, maintenant que vous me le rappelez, que je crois bien l'avoir vue au Paradise avant la Révolution. Elle y faisait un numéro de strip-tease étonnant.

TANTE MINA

Qu'est-ce que c'est qu'un numéro de strip-tease?

LUDWIG, *souriant.*

Rien qui vous concerne, tante Mina.

TANTE MINA, *se fâchant et jetant ses cartes.*

On a émancipé les femmes et j'en ai assez d'être traitée en enfant. Après tout je viens d'avoir soixante ans et je veux qu'on me dise ce que c'est qu'un numéro de strip-tease ou je ne joue plus. Voilà!

LA COMTESSE

Vous êtes insupportable avec vos caprices, Mina. Jouez donc et laissez leurs polissonneries à ces messieurs.

TANTE MINA

Je ne me suis jamais intéressée aux polissonneries, mais je veux qu'on me dise ce que c'est qu'un numéro de strip-tease.

*Elle boude.*

C'est bien, je chercherai dans mon vieux dictionnaire. J'ai eu un accessit d'anglais autrefois chez les Demoiselles du Sacré-Cœur. J'étais très forte. I was very strong.

Eh bien, si vous le prenez sur ce ton, j'ai le grand chelem et vous me devez mille haricots. Voilà!

*La foule, qui est pour Mina, rigole.*
*La foule apprécie beaucoup.*

◇                    UN ENFANT *s'exclame:*

Ils mangeaient toujours, maman?

*Albert s'est avancé jusqu'aux cordes pour parler au public.*

ALBERT

Camarades, comme vous le voyez, sur le coup de dix heures, les bourgeois se faisaient servir des orangeades et des sorbets. Les sorbets c'était des glaces aux fruits pour les aider à digérer tout ce qu'ils avaient mangé au détriment du peuple. Après, quand on ne sortait pas pour aller au théâtre ou à un bal, on jouait aux cartes en famille ou avec des amis comme ce soir, et la partie se prolongeait jusqu'au coucher. Quelquefois les hommes avaient entre eux des discussions d'affaires en fumant leur cigare, et c'est là qu'ils s'entendaient sur la meilleure façon de pressurer le peuple pour s'assurer leurs monstrueux bénéfices. Pendant ce temps, les femmes, réunies dans un autre coin du salon, parlaient entre elles de leurs toilettes avec toute la futilité de leur classe pourrie...

Je vous donne un exemple: la robe que vous voyez sur le dos de la jeune bourgeoise qui est au piano, pouvait valoir, à peu de chose près, entre six et huit mois de salaire d'un travailleur chargé de famille.

*Les visages de la foule: sur les uns, c'est l'indignation.*

*Sur ceux de jeunes femmes dont les yeux brillent, c'est l'admiration.*

*Albert continue:*

Ces robes étaient très fragiles et une femme qui voulait soutenir l'orgueil de son rang, comme ils disaient entre eux, ne pouvait pas la mettre plus de deux ou trois fois. Pas tant parce que les robes étaient défraîchies, que parce qu'il fallait toujours en avoir de nouvelles. C'est un sentiment que les femmes normales ne peuvent pas comprendre et c'est pourquoi on vous l'explique. En tout cas, calculez combien ça pouvait coûter au peuple chaque année une femme comme ça...

Maintenant, camarades, que vous avez vu un début de soirée chez les bourgeois, nous allons faire interrompre la partie de cartes — qui n'est jamais bien intéressante, parce qu'il leur arrivait souvent, absorbés par leur jeu, de jouer parfois longtemps en silence. Et puis vous ne devez pas oublier les camarades qui attendent dehors pour la seconde séance...

Vous allez suivre les couloirs derrière les camarades guides et passer dans les chambres à coucher et assister au coucher du Bourgeois. Vous verrez comment ils se faisaient aider pour se déshabiller et comment ils donnaient leurs ordres à leurs domestiques jusqu'au dernier moment... Allez, camarades, allons-y!

*La foule s'écoule à regret, mais docile vers les autres salles.*

UN LOUSTIC *dit dans la foule.*

Ça va être marrant, on va les voir se mettre en liquette!

ALBERT *va aux autres pendant que le public s'écoule.*

Et vous passez à côté pour la toilette de nuit et les adieux du soir. Et tâchez que ce soit un peu plus animé qu'hier. Vous vous êtes mis au lit sans vous disputer. Il y a eu des plaintes. Le public a été déçu. Je trouve que vous vous relâchez. Ne m'obligez pas à faire un rapport contre vous au Camarade Commissaire...

LUDWIG

Alors on ne peut même plus finir une partie?

ALBERT

Vous êtes là pour éduquer le peuple, pas pour jouer vraiment aux cartes. Vous la reprendrez à la seconde séance. ◆

*Le salon est désert. Il n'y a plus personne derrière les cordes.*
*Albert, en partant, a éteint certaines lumières.*
*La jeune femme de chambre débarrasse les verres.*
*Hans surgit par une petite porte et l'enlace.*

HANS

Ma chérie!

LA FEMME DE CHAMBRE, *haut.*

Voyons, monsieur Hans, si Madame vous voyait!

HANS

Mais c'est plus la peine de jouer, y a plus personne.

LA FEMME DE CHAMBRE, *lui rendant son baiser.*

Mon chéri!

HANS, *qui la caresse.*

C'est trop difficile. C'est trop difficile. J'ai trop envie de toi!

LA FEMME DE CHAMBRE, *qui le caresse aussi gentiment.*

Moi aussi j'ai envie de toi, mon chéri. Mais qu'est-ce que tu veux qu'on fasse? Ils me ramènent tous les soirs au camp et Albert nous surveille toute la journée.

HANS, *rageur.*

Et dire que j'ai une vraie chambre avec un vrai lit et qu'il y a pas moyen d'y être seuls une minute. Il y a toujours un soldat ou des crétins en train de nous contempler derrière les cordes... Et puis on peut même pas se coucher par terre dans les couloirs. Il y a des sentinelles partout!

LA FEMME DE CHAMBRE

Ne te plains pas trop. Tu peux me caresser et m'embrasser très souvent derrière les portes. Ils auraient pu en choisir une autre au camp et on se serait pas connus du tout.

HANS

C'est la première fois que je suis amoureux de quelqu'un et que je ne peux pas faire l'amour. Ça me rend fou.

LA FEMME DE CHAMBRE, *tendrement.*

C'est peut-être mieux. J'ai l'impression que tu l'as toujours fait un peu trop facilement, joli garçon.

HANS

Mais toi je t'aime!

LA FEMME DE CHAMBRE

Justement. Tu vas attendre un peu, ça ne te fera pas de mal. Quelquefois je pense le soir dans ma baraque: «C'est trop bête, ça aurait été si facile au Paradise avant la Révolution!» Eh bien, ça aurait été trop facile!

HANS, *médusé.*

Comment?

LA FEMME DE CHAMBRE

Tu m'aurais vue faire mon numéro, tu m'aurais invitée à ta table; on serait partis ensemble le soir.

HANS, *pâmé.*

Oh! Ça aurait été merveilleux.

LA FEMME DE CHAMBRE

Justement, non. Ça n'aurait pas été merveilleux.

HANS

Comment? Tous les deux dans un lit, ça n'aurait pas été merveilleux?

### LA FEMME DE CHAMBRE

Non. On s'en serait même pas aperçus. Un petit noceur et une petite putain qui auraient fait ce qu'ils faisaient d'habitude. Tu ne comprends donc pas, petit idiot chéri, que c'est parce qu'on ne peut pas, qu'on va peut-être s'aimer vraiment.

### HANS, *gentiment troublé.*

Tu en sais peut-être plus long que moi.

*Elle l'enlace et l'embrasse tendrement.*
*Surgit Albert.*

### ALBERT

Dis donc, petit sagouin, c'est comme ça que tu te défiles pour la seconde séance et pour embrasser des mousmés entre deux portes, comme d'habitude? Tu te figures que c'est pour ça que la nation te nourrit? Allez, va leur montrer tout de suite comme tu es rond!

### HANS

Je ne suis pas saoul. Je ne bois plus. Exprès.

### ALBERT, *indigné.*

C'est du sabotage! C'est de la contre-révolution! Tu vas me faire le plaisir de te saouler tout de suite!

### HANS

Non!

ALBERT

Comment non? Tu veux que j'appelle la garde?

*A la fille.*

Et toi, petite putain, si c'est toi qui le débauches, je vais te renvoyer à ton camp et tu iras aux patates comme les autres! Fini le joli petit tablier.

HANS, *serrant la petite contre lui.*

Nous nous aimons!

ALBERT

M'en fous. C'est pas mes oignons! Moi j'ai à assurer le spectacle! Alors vous croyez comme ça, mes mignons, qu'on a fait la Révolution pour vous permettre de vous aimer?

HANS, *calme.*

Justement, mon petit Albert. Sans la Révolution on n'aurait jamais pu s'aimer tous les deux, mon petit Albert.

ALBERT *hurle.*

Sous-commissaire adjoint! Soyez poli, jeune homme!

HANS

On a fait la Révolution pour ne plus avoir à être poli. Vous en aviez assez de dire « Monsieur le Comte ». Moi j'en ai assez de dire « Monsieur le sous-commissaire adjoint! »

ALBERT

Camarade sous–commissaire adjoint! Y a plus de monsieur! Et d'abord ça a aucun rapport.

HANS

Si! Si! On a fait la Révolution pour être libres et pour permettre aux gens de s'aimer comme ils voulaient. J'aurais été un petit vicomte, avant, elle aurait été une petite putain. Moi, j'aurais eu de l'argent plein mes poches et elle aurait rêvé d'argent. Eh bien, il y a plus de vicomte, plus de putain, et plus d'argent. Et vive la Révolution!

ALBERT, *sincèrement indigné.*

Oh, ce qu'il faut pas entendre!

HANS

Seulement, elle est pas encore au point votre Révolution et c'est vous qui allez l'achever, Albert!

ALBERT

Moi?

HANS

Oui, vous, Albert. Vous savez ce que vous allez faire, Albert?

ALBERT

Non. Il ne veut pas le savoir, Albert!

HANS

Vous allez dire aux soldats de ne pas la ramener au camp ce soir, que vous avez besoin d'elle ici. Et vous allez nous prêter votre chambre là-haut. Ouais, celle qui ferme à clef et où il n'y a personne pour nous regarder.

ALBERT

Moi, je vais vous prêter ma chambre de fonctionnaire du Parti? Il est fou. Il est complètement fou!

HANS

Non, Albert, non; je suis amoureux. Demain elle retournera au camp et on n'a pas grand-chose à lui reprocher — dans un mois elle sera libérée. Elle m'attendra et quand vous aurez pu me faire entrer en usine, on se mettra en ménage dans une petite chambre et alors, là, la Révolution sera vraiment faite.

ALBERT, *après un temps, épouvanté.*

Mais que dira monsieur le Comte?

HANS

Albert! Un vieux révolutionnaire!

ALBERT, *confus.*

Ça m'a échappé! Bon! Je ferme les yeux. Voici ma clef. Si tu te fais prendre, je dirai que tu me l'as volée.

LA FEMME DE CHAMBRE

Merci, Albert.

HANS, *se sauvant avec la petite.*

Merci, camarade; on pensera à toi!

ALBERT, *goguenard.*

J'y compte bien!

Bon Dieu que je suis bête... Mais, ils ont beau dire, rien n'est simple. Ils avaient tout prévu dans leur plan, sauf que je serais resté aussi bête à mon âge!

*Les autres sont rentrés, lassés. Ils vont tous se mettre à l'aise.*
*Ludwig est en manches de chemise.*
*Ce ne sont plus que des acteurs harassés après le spectacle.*

LA COMTESSE

Et dire qu'il va falloir se rhabiller pour la seconde séance.

LA TANTE MINA

Et remanger des sorbets. Autrefois j'en étais gourmande, maintenant je commence à en avoir assez, depuis qu'on m'oblige.

LA COMTESSE, *au Comte.*

Vous avez été exécrable ce soir. Bougon, parlant entre vos dents. Ils ont crié plusieurs fois «plus haut». On ne vous entendait pas.

LE COMTE, *las.*

Vous, vous avez été parfaite!

*La Comtesse rit.*

Non, non. Je ne ris pas. J'en arrive à me demander si votre vocation, au lieu d'être une vraie comtesse, ce n'était pas de jouer les comtesses. Quel abattage, ma chère!

LA COMTESSE, *sans relever la raillerie.*

La seule chose qui m'ennuie, c'est de recommencer ces disputes tous les soirs. Je finis par être moins sincère. Vous êtes sûr que c'est nécessaire, Albert?

ALBERT, *qui fume au milieu d'eux.*

Le public aime. Et puis ne nous racontez pas d'histoires; j'ai assez longtemps vécu avec vous: c'était tout de même ça votre vie.

LA COMTESSE, *d'un ton différent soudain.*

Oui, mais à la représenter tous les soirs pour les autres, on la voit soudain sa vie... Une dérision.

LE COMTE, *doucement, après un silence.*

Tiens, vous êtes capable de sentir cela, Herminie?

LA COMTESSE

Il faut le croire.

LE COMTE, *rêveur.*

Comme c'est drôle...

LA COMTESSE

Le mariage est une chose difficile, bien sûr, mais il y a des couples qui arrivent à vieillir l'un près de l'autre...

LE COMTE *sourit.*

Philémon et Baucis. Mais ils s'étaient aimés.

LA COMTESSE, *sourdement.*

J'ai dû vous aimer, jeune fille.

LE COMTE, *sourdement aussi.*

Il y a eu un moment avant que la vanité et le monde ne vous absorbent et ne vous défigurent, où vous avez eu une sorte de grâce — un peu maladroite, mais touchante.

LA COMTESSE

Ce qui nous a manqué, c'est d'avoir à lutter ensemble pour quelque chose. Gagner notre vie, par exemple...

LE COMTE

Peut-être.

*Il y a un silence.*

LUDWIG, *en bras de chemise, fumant près d'Albert.*

En tous les cas, moi j'en ai assez de passer ma vie à jouer aux cartes.

ALBERT

Vous n'avez jamais fait autre chose.

LUDWIG

Enfin... je pourrais m'occuper de chevaux, je connais très bien les chevaux.

ALBERT

Bon; on verra ça plus tard, si on vous trouve un remplaçant.

LUDWIG

Ils ne manqueront pas. Vous aimeriez ça, Gertrud, qu'on nous mette dans un élevage, avec des chevaux?

GERTRUD, *qui joue rêveuse avec un doigt au piano.*

Peut-être.

LUDWIG

Il me semble que ce serait peut-être l'occasion de nous rencontrer.

GERTRUD *demande à Albert*

Il faut que je remette ma robe, Albert, pour la seconde séance?

ALBERT

Mais bien sûr.

GERTRUD

Je ne peux pas jouer en déshabillé?

ALBERT

A dix heures du soir dans un salon de l'aristocratie, ça ne se serait jamais vu. Ça aimait se montrer ces femmes-là.

GERTRUD

C'est vrai.

*Elle joue doucement.*
*Albert bâille, fatigué.*
*Le Comte s'est assis près de lui.*

LE COMTE

Vous êtes fatigué vous aussi, mon vieil Albert? C'est dur, hein, la seconde séance?

ALBERT

Oui. C'est dur. Une aurait suffi. Il est si nombreux le peuple!

LE COMTE, *souriant.*

C'est vrai. On s'en doutait pas, mais il est vraiment très nombreux. Vous voyez, Albert, je me demande parfois, pourquoi vous avez choisi de reprendre ce métier. A la faveur des . . . des événements, vous auriez très bien pu faire autre chose. . .

ALBERT, *doucement.*

Oui. Mais je vais vous dire. . . Quand on a fait quelque chose toute sa vie. . . Et puis au fond, ça m'amuse de vous servir. Vous étiez comme des gosses râleurs, mais, tout seuls, vous auriez été incapables de vous nourrir. Chacun avait son rôle; au fond on était égaux, on jouait la comédie — déjà, comme ce soir. . . Et puis, sans personne à servir, moi, je me serais embêté.

*Une sonnette grêle au loin.*
*Il se lève et reprend son habit.*

Ah, c'est pas tout ça! Au boulot! C'est la seconde séance. Allez tous vous remettre en tenue.

### TANTE MINA

Et Hans? Où est Hans! On n'a pas vu Hans ce soir...

### ALBERT

Hans a été dispensé de la seconde séance, en vue d'un intérêt supérieur. Ce soir, Hans est en train de travailler pour la Révolution.

*On sent que le Comte et la Comtesse se rapprochent l'un de l'autre, ainsi que Ludwig et Gertrud. Tante Mina et Albert échangent un regard de complicité avant la seconde séance.*

### UNE VOIX

Camarade sous-commissaire adjoint, c'est l'heure!

### FIN DE LA BELLE VIE

# La Belle Vie — pièce grinçante?

*«Vaguement 1918: le climat d'après la Première Guerre mondiale: Béla Kun* (Hungarian Communist agitator); *le putsch de Munich* (workers' revolutionary uprising of 1918) *ou même la révolution russe si les costumes ne sont pas trop typés.»*

There is the desire to create an atmosphere of civil disturbance and instability, to evoke the mood of Germany in 1918, but at the same time Anouilh draws back from specific definition. What his play has to tell us can apply to almost any period of history; it is as much a comment on the nature of our own society as on that of any other. References to the emancipation of women, to the plight of the workers and to the arrogance of the privileged classes are certainly apposite to the period, but equally they are references to timeless topics and are relevant to the problems of today.

The opening is grim and lugubrious against a background of menace. The violence on the streets is paralleled by silent foreboding inside the prison, a numbed resignation towards whatever fate may hold. This dark mood is livened by the Count von Valençay's dry observations on human behaviour and the reactions of his fellow prisoners who bear out his opinions. It is an excellent setting for some of Anouilh's favourite themes: materialism, snobbery and selfish cowardice contrasted with sensitivity, courage and altruism, defects and qualities which know no class barriers.

Once the message of violence and disturbance has been delivered, the atmosphere is in fact remarkably calm: «les choses se tassent» is the keynote, and the emphasis is on the ironic turn of events, brought about as much by the perversity of man as by his uncontrollable destiny. The apparently hopeless case of the von Valençays in comparison with that of the businessman develops into a complete reversal of their expectations, and indeed nothing works out as planned. It becomes clear that the revolution has brought about little change in social attitudes: titles are if anything even more important than they were, the oppressed businessmen are going to have to think of forming a trade union, the poor will still need Tante Mina's ministrations and privilege is as strongly entrenched as ever. The greatest irony lies perhaps in the fact that the whole von Valençay family changes so evidently for the better during its remarkable experience, with the happy exception of Tante Mina who remains her charming and eccentric self.

«On jouait la comédie»: the words of the former major-domo Albert shortly before the fall of the curtain give a useful insight into the purpose and value of a regularly recurrent device in Anouilh's work, the play within the play.

The situation on which *La Belle Vie* is based lends itself especially well to this device. All the characters on the 'exhibition' side of the rope, with the possible exception of Tante Mina, had been play-acting throughout their lives. The harsh irony of their changed circumstances brings this fact home to them, enables them to see their condition (if not their own characters) almost with the spectators' eyes and leads them to a realisation of the emptiness of their former way of life, with the prospect of a more constructive existence in the future.

The characters involved in the play within the play, like those of *Léocadia, La Répétition* and *Pauvre Bitos* (but unlike *Antigone* and *L'Alouette* where the whole of the play is 'objectively' reviewed by a character), are all the time deliberately and self-consciously aware of their role. They differ, however, from the characters of the earlier plays in that they are apparently condemned to go on playing their parts for the rest of their lives: it is indeed the perpetual repetition of their shallow social round that makes them look for a different set of values.

The driving force in this situation, and the character who is distinguished from the rest both by his social background and by the fact that he is the one voluntary participant in the inner play, is Albert. It would appear to be he who engineered the situation (pages 12, 19 — stage direction, 26, 37), he has enough common sense to see that the current state of affairs may well be transitory (page 36) and enough flexibility and human understanding to come to a compromise with Hans and allow him to step out of the inner play into the 'real' world. His position is astride the rope dividing the exhibition from the public, yet the impression he gives is that he is more closely integrated with his former employers than with the new régime he has helped to establish. He is in all respects the exceptional character in the play: linking the old order and the new, with unquestionable allegiance to the new (he was already *chef de section*), he has sufficient breadth of mind to see its limitations and to appreciate the practical problems in a way which makes him a fitting counterpart to his former master.

Although he appears at first to personify the soulless, bureaucratic system, he is unable to sustain this function and stands as a contrast to the other members of the *commissariat*. His determination to settle old scores with the Countess, to keep the younger members of the family in their place and to enjoy his newly acquired superiority does not stifle an obviously genuine affection for Tante Mina and an inclination to indulge both Gertrud in her taste for fine clothes and Hans in his amorous adventures. At the same time he has the professionalism of the old retainer which enables him to point out the difference between *petites bourgeoises* and the *aristocratie* as well as to deal firmly with Ludwig's bombastic outburst. His insistence on the formal observance of his title, in keeping with his earlier lifestyle, gives way, when needed, to practical considerations (page 29). His motivation, which he clearly sees, is neatly summed up in his final reply to the Count (page 80).

It is not unusual — and it adds to the enjoyment of the play as a whole — for the frontier of the inner play to be occasionally exposed. In *Antigone* this occurs through Le Chœur, in *L'Alouette* through Beaudricourt. In *La Belle Vie*, where the inner play is an acknowledged fact, the treatment is rather different and consists of pointing to the ironic comparison between the 'natural' lives of the players and their 'artificial' roles. The Count could be said to be giving a character assessment when he observes to his wife: «... il a fallu une révolution pour que je m'aperçoive que j'étais marié à une cabotine» (page 63) and «J'en arrive à me demander si votre vocation, au lieu d'être une vraie comtesse, ce n'était pas de jouer les comtesses.» (page 76), while «ils veulent vous voir telle qu'ils vous imaginaient» (page 49) states a well established principle of dramatic theory.

Unlike the heads of families, aristocratic or not, of Anouilh's earlier plays, le Comte Sigmund von Valençay has a presence and authority which befit his station. He views the changed circumstances with disillusioned calm and a talent for humour even at the foot of the scaffold. In contrast to the businessman and all around him who do their best to exploit an unpromising situation, he appears to expect nothing of life, but he is nevertheless ready to accept and develop the concessions he is offered. He will not attempt to presume upon his former connexion with Albert, now *Camarade sous-commissaire adjoint*, and restrains his wife from so doing, but he has the finesse to establish a working relationship with his former major-domo in which he incontestably maintains his own superior role.

In his dealings with his family and fellow victims of the revolution he keeps a certain distance, partly through his propensity for a cynical black humour which is not appreciated (pages 12, 18), but also because he has a much greater ability than they to make an objective assessment. This quality contrasts strikingly with the rest of the family's apparent assumption that the von Valençays can maintain their arrogant attitudes of the past. Both in prison and on their transfer to the Waldshutz house, the family's reactions show a failure to take account of reality, while the Count's practical judgment is regarded by his daughter as a form of inverted snobbery and by his wife as an example of his absent-mindedness.

Alongside his ability to come to practical terms with the unpleasant features of his situation (pages 35, 49), his sincerity and sense of propriety earn our respect. «Décence» clearly matters a lot to him, and we can believe him when he says «...j'avais un certain talent pour (la générosité)». We are therefore the more affected by his unrestrained attack on each member of his family (pages 51–52). The bitterness of that attack is sustained in later exchanges with his wife already quoted, but the more compassionate side of his character shown in his conversation with Gertrud gives reason to believe that the «Peut-être» of page 78 is a genuinely open-minded answer to the Countess's move towards a reconciliation.

Of the remaining characters, Gertrud and her brother Hans, spoilt children of the old over-privileged order brought to understand the need of a more sincere and purposeful life, the Countess, anxious always to strike the appropriate attitude, Ludwig, the caricature of the Prussian officer, the time-serving Homme d'affaires and the humourless members of the commissariat, it is Tante Mina who steals the show, both with the audience in the theatre and with the visitors to the exhibition. In her child-like simplicity she establishes a sympathetic link with the proletariat: like them she has evidently never enjoyed a fully free existence, and her observations on the impracticalities of the new régime as well as on her own personal frustrations find appreciative listeners.

In spite of its *grinçant* element, *La Belle Vie* may be seen as an optimistic play. The author's skilful transition from the harsh realism of the opening scene to the half-fantasy which follows makes acceptable the implication that fate will ultimately be kind to a group of people whom it has brought to see themselves in an unusually objective light.

*Bernard Fielding*

# Jean Anouilh — homme de théâtre

Jean Anouilh

*«Je n'ai pas de biographie, et j'en suis très content.»*

C'est ce qu'écrivait Anouilh à Hubert Gignoux dans une lettre publiée en 1946. Nous n'avons pas la prétention de faire ici une biographie d'Anouilh; nous nous contentons de faire une brève esquisse de sa vie.

Jean Anouilh est né le 23 juin 1910 à Bordeaux. Son père, François Anouilh, était tailleur et sa mère, Marie-Magdeleine — violoniste. A 18 ans, il fréquente la Comédie des Champs-Elysées, dirigée par Louis Jouvet. On y joue le *Siegfried* de Giraudoux qu'il admire tant et ne cesse d'aller voir et revoir.

Il fait brièvement des études de droit. Puis il entre dans une maison de publicité. Quelque temps après, il devient secrétaire de Jouvet. Il le restera jusqu'en juin 1931. Ce stage lui sera fort utile pour la suite. Il est appelé sous les drapeaux. Le service terminé, il décide alors de tenter sa chance en tant qu'auteur dramatique. *La Mandarine,* écrite en 1929, est jouée en 1935 seulement. C'est un échec. Anouilh la retire alors de son œuvre.

En 1953, il épouse en secondes noces Mlle Nicole Lançon. Trois enfants naissent de cette union. En 1959, il reçoit le Prix Dominique de la mise en scène. Mais, comme le souligne si justement Paul Ginestier: «la vie d'un auteur est marquée par les premières de ses pièces.» Tous ses efforts, ses espoirs, ses joies, ses peines tendent vers ce but, vers le moment à la fois magique et douloureux de la «première», moment à la fois tant attendu et tant redouté, tant il est vrai que: «Le théâtre reste le dernier lieu où l'œuvre de littérature ait encore quelque chance d'être reçue et traitée comme une œuvre d'art, avec toutes les exigences, les risques que cela comporte.»[1]

Parmi les auteurs qui ont le plus retenu l'intérêt d'Anouilh et l'ont à coup sûr influencé, citons d'abord Shakespeare, bien entendu le Shakespeare des comédies. Côté français, Molière est incontestablement son maître. Anouilh l'aime pour sa vie rude, courageuse et douloureuse; il l'aime surtout pour la clairvoyance avec laquelle il a dépeint l'homme, a analysé ses réflexes.

Citons également Marivaux dont Anouilh a toujours admiré la langue légère, élégante, charmante et nuancée. Finalement, parmi ses contemporains, il faut mentionner Giraudoux dont le style de dialogue ailé, étincelant et poétique a fortement frappé Anouilh.

Enfin, n'oublions pas de souligner l'importance que le thème de l'Absurde tient dans les pièces d'Anouilh. Cette idée que la vie est absurde, que nous vivons dans un monde chaotique et sans lois, et que nous allons inexorablement à notre mort, a été très bien décrite par Camus, notamment dans *L'Etranger*.

Les pièces d'Anouilh sont classées en 7 catégories:

**1**　Les pièces roses — *Le Bal des Voleurs; Le Rendez-vous de Senlis; Léocadia*.

**2**　a. Les pièces noires — *L'Hermine; La Sauvage, Le Voyageur sans Bagage*.
　　b. Les nouvelles pièces noires — *Jézabel, Antigone, Roméo et Jeannette*.

**3**　Les pièces brillantes — *L'Invitation au Château; Colombe; La Répétition ou l'Amour Puni; Cécile ou l'Ecole des Pères*.

**4**　a. Les pièces grinçantes — *Ardèle ou La Marguerite; La Valse des Toréadors; Ornifle ou le Courant d'Air; Pauvre Bitos*.
　　b. Les nouvelles pièces grinçantes — *La Grotte*.

**5**　Les pièces costumées — *Becket ou l'Honneur de Dieu; L'Alouette*.

**6**　Les pièces baroques — *La Culotte; Le Boulanger, la Boulangère et le Petit Mitron; Ne réveillez pas madame; Cher Antoine*.

**7**　Les pièces secrètes — *Tu étais si gentil quand tu étais petit!*

Nous avons sélectionné quelques pièces importantes d'Anouilh dont nous vous donnons ici un aperçu:

**Le Voyageur sans Bagage** a été créé le 16 février 1937 au théâtre des Mathurins. Un soldat amnésique, Gaston, après 17 ans d'asile, est confronté avec sa famille de grands bourgeois qui le revendique comme étant le fils de la maison. Il l'est en effet. Tout le prouve. Mais Gaston rejette son passé, il refuse de reprendre la place qu'on lui offre. Le motif de l'amnésie est emprunté au *Siegfried* de Giraudoux, mais la ressemblance s'arrête là. La pièce est une exploration du passé, celui de Gaston qu'on essaye de réveiller en lui, pour lui rendre sa mémoire et sa personnalité.

**La Sauvage** a été créée le 10 janvier 1938 au même théâtre. L'héroïne, Thérèse, symbolise la jeunesse pleine de force, d'enthousiasme, de grâce et d'incrédulité. Elle vient d'une famille sordide, vénale et honteuse. L'amour et la richesse se présentent à elle de façon inespérée. Mais son milieu pèse sur elle d'un poids trop lourd pour qu'elle puisse s'en échapper.

**Le Bal des Voleurs**, créé le 17 septembre 1938, est une comédie-ballet légère, drôle, charmante et d'une invraisemblance totale. Une vieille dame anglaise, Lady Hurf, nous confie bien vite que la solitude et l'ennui l'ont poussée à monter l'intrigue dont elle tient en main tous les fils et qu'elle peut à chaque instant interrompre.

En novembre 1940, création de **Léocadia** au théâtre de la Michodière. Le sujet de la pièce est simple et extravagant. Le Prince Albert Troubiscoï est inconsolable depuis la mort subite de sa bien aimée, Léocadia. Sa tante, la duchesse d'Andinet d'Andaine, s'est juré de le guérir et à ces fins lui présente en la personne d'Amanda — une jeune ouvrière — une réincarnation de Léocadia. Puisque la pièce est rose, on devine aisément la fin.

Création d'**Eurydice** le 18 décembre 1942 au théâtre de l'Atelier. Le thème principal de cette pièce est le rapport de l'amour et de la vie. Le héros, Orphée, rencontre — par hasard — Eurydice. Et c'est le coup de foudre. C'est une pièce tendre, pleine d'humour, insolite et à l'ambiance étrange. Selon le mythe grec, Eurydice mourra — ici dans un accident de car — Orphée inconsolable la recherche partout. Il la retrouve brièvement pour la perdre à nouveau. La pièce se termine par le suicide d'Orphée qui retrouve ainsi son Eurydice. Dans cette pièce, Anouilh explore le mécanisme infernal, logique et impitoyable du destin. On est loin de l'existentialisme sartrien.

Le 4 février 1944, création d'**Antigone** au théâtre de l'Atelier. Le thème central et, pourrait-on dire, unique de cette pièce est la révolte. Une révolte calme, délibérée et ferme. Anouilh s'est incontestablement fortement inspiré du sujet traité par Sophocle et l'a modernisé.

*Ne vous attendrissez pas sur moi.*
  *Faites comme moi.*
*Faites ce que vous avez à faire.*

Mais là encore l'idée du destin tout puissant qui domine les actions, les passions humaines est fortement présente. Comme le dit si clairement Antigone:

> *A chacun son rôle. Lui* (Créon), *il doit nous faire mourir et nous, nous devons enterrer notre frère. C'est comme cela que ça a été distribué. Qu'est-ce que tu veux que nous y fassions?*

En disant 'Non' à Créon, Antigone choisit la mort, elle rejette le bonheur, le sale petit bonheur quotidien. C'est «en choissisant la mort qu'elle participe à la vraie vie, celle qui ne connaît ni compromissions, ni déchéances à date plus ou moins lointaine.»[1]

Création le 5 novembre 1947 de **L'Invitation au Château** au théâtre de l'Atelier. C'est une pièce rose qu'Anouilh a classée dans la série des 'pièces brillantes'. A nouveau, Anouilh met en scène des marionnettes. Et la fée bienfaisante qui les anime, Madame Desmermortes, ressemble beaucoup à Lady Hurf du *Bal des Voleurs*. Il y a dans *L'Invitation* nombre de substitutions, illusions, coups de théâtre, volte-faces qui nous font penser à Marivaux. Tout comme dans *Léocadia*, Anouilh traite ici de l'antagonisme qui oppose les riches aux pauvres, mais dans *L'Invitation* il le fait de façon plus incisive et violente. Puisque c'est une pièce rose, elle se termine bien. D'ailleurs, Madame Desmermortes nous avait prévenus:

> *Tout doit finir bien, c'est convenu.*

**L'Alouette** a été créé le 14 octobre 1953 au théâtre Montparnasse-Gaston Batty. Dans cette pièce Anouilh traite du phénomène de Jeanne d'Arc. Il y mêle avec adresse sérieux et plaisant. On retrouve le couple Antigone-Créon dans le couple Jeanne d'Arc-l'évêque Cauchon. Anouilh a voulu placer Jeanne devant un choix comme Antigone. Et, comme Antigone, Jeanne dit 'Non':

> *Cognez dur, c'est votre droit. Moi, mon droit est de continuer à croire et de vous dire non!*

Quant à l'évêque Cauchon, il nous déclare calmement:

> *Nous ne pouvons que jouer nos rôles, chacun le sien, bon ou mauvais, tel qu'il est écrit et à son tour.*

Et Albert, le maître d'hôtel des Valençay devenu sous-commissaire adjoint dans *La Belle Vie*, bien des années plus tard, nous dit la même chose:

> *Chacun avait son rôle et au fond on était égaux, on jouait la comédie — déjà comme ce soir.*

Création d'**Ornifle ou le Courant d'Air** le 7 novembre 1955 à la Comédie des Champs-Elysées. Ornifle, c'est le *Don Juan* de Molière modernisé et transformé. D'après sa femme, Ornifle passe comme un courant d'air, il passe:

*en dansant à la surface des choses.*

Ornifle est léger, cruel, hypocrite, inconstant, plein d'esprit. Ses réparties sont vives et inattendues. Il sait ce qui l'attend, il en est fort conscient:

*Je connais le ciel. Il tient certainement en réserve mon châtiment. (...) Je paierai le prix de mon plaisir.*

Le ciel bien sûr frappera Ornifle/Don Juan — d'une crise cardiaque.

**Pauvre Bitos,** créé le 22 octobre 1956 au théâtre Montparnasse-Gaston Batty, est une pièce des plus grinçantes. C'est une pièce à la fois moderne et historique — historique à la façon d'Anouilh bien entendu! C'est un règlement de comptes. *Pauvre Bitos* est le drame des lendemains de catastrophe: on songe aux condamnés de la Commune de 1870, aux collaborateurs après la libération de 1944-45. Bitos/Robespierre est un de ces persécuteurs implacables en admiration devant leur propre vertu. Et, comme le dit si bien l'Homme d'affaires dans *La Belle Vie*:

*Toutes les révolutions commencent par une épuration imbécile et brutale.*

Dans cette pièce Anouilh dénonce violemment la fausse vertu et l'irréprochabilité hypocrite.

**Becket ou l'Honneur de Dieu** a été créé le 8 octobre 1959 au même théâtre. En tête du programme de la représentation, Anouilh avait écrit:

*Thomas Becket, compagnon du roi (...) est sans doute l'ami du roi avec le mélange humain ordinaire des choses qui vous rapprochent d'un être et des choses qui vous en séparent.*

L'archevêque meurt, le roi force Becket à accepter ce poste et pourtant Becket l'avertit:

*Si je deviens archevêque, je ne pourrai plus être votre ami.*

C'est là le thème essentiel de la pièce. En devenant archevêque, Becket devient comptable de l'honneur de Dieu. Ce n'est plus le roi qu'il sert, mais Dieu. Certes, il aime toujours le roi, mais il aime encore plus:

*l'idée qu'il s'est forgée de son honneur.*

Et comme *La Sauvage*, comme *Antigone*, comme *L'Alouette*, Becket dit 'Non':

*Espères-tu donc me convaincre? dit le roi. — Non, je n'ai pas à vous convaincre, répond Becket, j'ai seulement à vous dire non.*

**La Grotte** fut représentée pour la première fois en octobre 1961. Cette pièce marque un tournant chez Anouilh, car si jusque là Anouilh nous avait montré des personnages prêts à jouer un rôle (Antigone, l'Alouette, Becket), dans *La Grotte* il va plus loin. Ses personnages sont là, attendant de vivre et comme le remarque si bien Pirandello dans sa préface de *Six Personnages en Quête d'Auteur*: «nés viables, ils voulaient vivre.» Un personnage délégué par ses camarades vient dire à l'Auteur:

*Nous sommes là maintenant, Monsieur, nous avons commencé à vivre, et il faut considérer cela.*

*La Grotte* est unique parmi les pièces d'Anouilh et d'ailleurs l'Auteur, lui-même, nous annonce:

*ce qu'on va jouer ce soir, c'est une pièce que je n'ai jamais pu écrire.*

Car, explique l'Auteur dans *La Grotte:*

*Généralement, c'est dans les pièces qu'on n'arrive pas à écrire qu'on avait le plus de choses à dire.*

*La Grotte* est une pièce sombre, un panorama 'de cruauté humaine et d'injustice, de pauvreté et de souffrances, de traite des blanches et de prostitution, de viols et de meurtres.'[2]

*La Grotte* est aussi une pièce où Anouilh expose honnêtement et avec lucidité les problèmes et difficultés de la création:

*Je sais très bien ce que j'ai voulu dire avec cette Grotte. Ce n'est pas parce que je n'ai pas pu arriver à écrire la pièce que je ne le sais pas.*

En 1967, Anouilh écrit *La Belle Vie*, un texte pour la caméra, que Lazare Iglesis adapte et réalise pour Antenne 2 et qui est diffusée le 20 octobre 1979 sur le petit écran. Notons également le fait qu'Anouilh a écrit beaucoup de scénarios de films et cela dès 1936 avec *Les Dégourdis* de la onzième. Citons parmi ses meilleurs textes de films *Monsieur Vincent* (1947), *Caroline Chérie* (1950), *Le Rideau Rouge* (1952), *La Ronde* (1963).

Anouilh est également metteur en scène de ses propres pièces et de celles d'autres dramaturges. Ses pièces ont été traduites en plusieurs langues et jouées un peu partout dans le monde. Une de ses dernières pièces, *Cher Antoine* (1969), a été représentée au festival de Chichester (19 mai–17 juillet 1971) avec beaucoup de succès. La réputation d'Anouilh n'est plus à faire.

Pour conclure, laissons parler Anouilh qui dit avec la modestie qui le caractérise:

*Je ne vise ni la postérité (...) ni le respect de mes contemporains. Je n'écris que pour m'amuser.*

---

[1]  Philippe Jolivet in *Le Théâtre de Jean Anouilh,* page 80 (Michel Brient et cie, Paris 1963)
[2]  H. G. McIntyre in *The Theatre of Jean Anouilh,* page 105 (Harrap 1981) — traduction A. King

# Ah! La belle réalisation!

Anny King discute avec Lazare Iglesis de la réalisation de *La Belle Vie*.

Quelques mots sur Lazare Iglesis:

Il débute au théâtre comme metteur en scène, acteur et auteur au Centre Dramatique de la Jeunesse de Toulouse. En 1953, il entre à la télévision comme réalisateur après avoir écrit et réalisé en direct une émission-test *Malchance* (qui, malgré son nom, lui a porté chance!). Il aborde tous les genres: émissions pour enfants, documentaires, variétés. Mais très vite, et par goût profond, il se spécialise dans la fiction dramatique.

Notre envoyée spéciale est allée l'interviewer dans son appartement du XVIIè arrondissement, tout près de l'Etoile.

Lazare Iglesis

*Quand j'ai téléphoné à Lazare Iglesis pour prendre rendez-vous, j'ai été frappée par sa voix — une voix profonde, chaude et amicale. Je connaissais Lazare Iglesis de nom — que de fois son nom n'est-il apparu sur le petit écran! — mais je n'avais jamais fait sa connaissance. C'est avec quelque nervosité que je sonne à sa porte («3ème étage, la porte à gauche en sortant de l'ascenseur,» avait-il précisé au téléphone). C'est un homme d'une soixantaine d'années, à l'abondante chevelure d'argent, à l'air doux et aimable et d'une extrême politesse qui m'accueille. Il me fait entrer dans son bureau aux quatre murs tapissés de livres. Un grand portrait d'Einstein trônant sur une des étagères attire mon regard. «C'est une de mes dernières réalisations,» dit-il.*

*C'est avec simplicité et modestie qu'il parle de sa carrière, de son amour du théâtre, de la télévision et finalement de La Belle Vie.*

\* \* \* \* \*

*Vous êtes le réalisateur de La Belle Vie, une pièce inédite d'Anouilh. Comment cela s'est-il fait?*

Je voulais depuis longtemps monter *Eurydice* pour la télé. Je contacte Anouilh, lui parle de mon projet. Anouilh refuse car, d'après lui, la pièce ne 'passerait' pas au petit écran. Il me dit qu'il a par contre dans ses tiroirs un texte écrit pour la caméra qui, peut être, m'intéresserait. Il m'envoie *La Belle Vie*! Je la lis. Je suis enthousiasmé. Tout était à faire car il n'y avait là que le texte. Je le propose à TF1 qui refuse car, disent-ils, c'est un pamphlet «anti-communiste». Je le propose à A2 qui accepte.

*Comment avez-vous fait le choix des acteurs?*

J'ai tout de suite vu Jean le Poulain dans le rôle d'Albert. Jacques François, le Comte, est l'interprète idéal d'Anouilh. Les autres acteurs, je les ai choisis par instinct. Et ça a marché. Comme vous le savez, ce télé-film a eu beaucoup de succès. Il a été deux fois diffusé en France et acheté par plusieurs pays.

*Parlez-nous de la réalisation. Y a-t-il eu des problèmes, des imprévus?*

Non. Pas de problèmes majeurs. Le tournage s'est déroulé harmonieusement. D'ailleurs, nous n'avions que 24 jours pour tourner. Il me fallait donc trouver un seul décor. Le château de Saint Ouen, au nord de Paris, était à mon sens l'endroit idéal. L'ironie du sort, c'est que la mairie de Saint Ouen est communiste. Je n'ai pas voulu prendre de risques. J'ai envoyé le texte au maire. C'est avec son accord et soutien que s'est effectué le tournage. Nous avons tourné les scènes de prison dans les caves du château et le reste dans les salons du premier étage. L'escalier principal est si beau que je l'ai inclus dans les prises de vue. Les images du début sont tirées des actualités Gaumont.

*Et l'adaptation?*

Comme je l'ai déjà dit, le texte était succinct. Il n'y avait ni mise en scène, ni indications scéniques — juste le dialogue. Je l'ai adapté de trois façons. Au niveau du rythme — j'ai ajouté les pauses au cours desquelles on entend la musique nostalgique et déchirante de Cosma. J'ai ajouté la scène du cigare et du fauteuil entre Albert et le Comte. J'ai aussi ajouté l'affiche sur laquelle on peut lire «La Belle Vie — 3ème semaine». Et finalement j'ai ajouté les dernières images du générique: celles où le Comte et la Comtesse échangent dans le miroir de la coiffeuse un regard tendre, celles où Gertrud ajuste la cravate de Ludwig, celles où Hans et la femme de chambre sont au lit, etc. . . Tout cela n'est pas littéralement dans le texte d'Anouilh, mais c'est comme cela que je vois et comprends la pièce. C'est aussi pourquoi j'ai ajouté le buste de Voltaire qui devient le témoin ironique de cette comédie.

*Qu'est-ce qu'Anouilh a pensé de votre réalisation?*

J'ai invité Anouilh à visionner le film avant sa diffusion. Il l'a regardé sans mot dire et sans réagir — et pourtant il y avait des moments savoureux. . . J'étais inquiet, je me disais qu'il n'aimait pas mon adaptation. Après la projection, Anouilh m'a félicité, il m'a dit qu'il était «épaté», que j'avais fait de son texte — qu'il pensait être un sketch — une pièce poétique, émouvante et optimiste.

*A propos de pièce «optimiste», pensez-vous qu'Anouilh soit, comme on le dit souvent, un «misanthrope»?*

Anouilh est incontestablement un misanthrope, mais pas totalement. Il y a toujours chez lui une porte de sortie: un couple d'amoureux qui représente l'espoir. Dans *La Belle Vie,* ce couple, ces amoureux, ce sont Hans et la femme de chambre. Ils symbolisent l'espérance d'un monde meilleur.

# Introduction to Video Exploitation Exercises

It is widely accepted that the traditional separation of advanced language teaching into 'language' and 'literature' is an artificial, and even harmful, one. Many, if not most, practising teachers now seek to combine these aspects of study — seeing literature as one of the sources of language material, and language study as the means by which a literary text may be understood. The integration of language and literature is now the norm, rather than the exception.

This is not to say that the task is an easy one. On the contrary, it is demanding of both teacher and students in terms of time and effort. Suitable texts have to be found, exercises have to be devised, and a high level of concentration is needed in the classroom.

## Why video exploitation?

It is in response to some of these difficulties that the exploitation exercises for *La Belle Vie* have been designed. The play itself is particularly appropriate for this kind of treatment. In the first place, it is a good text. The language is, with suitable help, accessible to students at sixth form and college level. Furthermore, it contains a wealth of structures and different registers which, properly practised and assimilated, will enrich students' command of contemporary French. Finally, it is intrinsically interesting. Whatever individual students think of the play, or of the ideas which it contains, there can be little doubt that it will provoke discussion. Students should want not merely to study the play as an example of living language, but to communicate and even argue about it.

Secondly, the play is presented not as a written text, but in performance. In this context, it may be noted that the printed text of the play is a script of the play as *performed*, not of the play as it was originally *written*. The advantage of this — video- rather than written-presentation — is firstly that it is as it should be. A play, after all, is usually written to be seen and heard rather than to be read. More significantly perhaps, from a language teaching point of view, it means that the processes of linguistic comprehension, acquisition and use will be faster and more long-lasting.

Certainly, in the initial stages at least, a video text demands greater levels of concentration than does a written text. However, its very nature — as language in *use* — lends itself to a greater degree of French language interaction in the classroom, thus reinforcing the language heard on the screen. In addition, the visual element of the play aids understanding and increases interest (and therefore concentration). It follows from this that there are two basic assumptions underlying the exploitation exercises, both of which have important implications for the method of approach in the classroom:

● The text will be approached in the first instance through the video and the spoken word; only after a period of language assimilation and exploitation will the written text or written exercises be tackled.

● Since the text will first of all be exploited orally, the main language used to teach the material will be French.

## Format

Each of the five broadcasts is divided into three sections:

1 An introductory section in which some of the actors present the 'act' of the play which is to follow.
2 A section ('act') of the play as broadcast.
3 A discussion of the themes raised in the extract.

Each of the three sections performs a particular function, and this is reflected in the exploitation exercises that follow.

## Section 1 (presentation by the actors)

Each presentation is intended mainly to aid comprehension, to make the play which follows as accessible as possible. Although there is nothing inherently difficult about the language of *La Belle Vie*, there is a need for such preparatory work, both because the spoken word *can* be difficult to grasp and therefore demoralizing for the less fluent, and because the plot itself is full of ambiguities which can mislead the most able student if not well prepared. To help overcome these potential difficulties, the language of Section 1 is deliberately simplified (while still authentic), and the main points of what is to follow are explained, usually by one of the actors 'in character'. The exploitation exercises for Section 1 consist of only two elements, designed to increase comprehension of the video text:

### a Mots clés/phrases clés

These are intended as a 'running guide' to understanding. They could be used before, during or after viewing the video, depending on the level of the group and the aims of the teacher. Studied in advance, they would prepare a less advanced group for the video discussion; during the performance, they could be used for aural identification; afterwards, they could be used as a framework to reconstitute all or parts of what had been said.

### b Idées principales

A simple 'global comprehension' section probably best used not as a 'test' but while the video is showing to ensure that the main points of content have been understood. If necessary, the video can be stopped or replayed to ensure maximum comprehension.

## Section 2 *(the televised play)*

Having prepared the ground with Section 1, groups will probably spend most available time on Section 2 — the play itself. The exploitation exercises for this section are divided into 4 parts, corresponding to a progression from comprehension of the text, through assimilation/acquisition of the language and structures, to a final stage where the language can be re-used, both to recreate aspects of the play, and to discuss its themes and significance.

It need hardly be stressed that no pattern of proposed exercises is ever prescriptive. Teachers will choose what is useful to them and their groups, reject what they see as superfluous and add where they see deficiencies. We would, however, recommend that, even where a relatively limited amount of time is being devoted to the play, the Comprehension exercises at least should be covered.

### a Compréhension

Again this begins with a list of *Mots clés/phrases clés*, which can be treated in the same way as the corresponding list in Section 1. It should, however, be noted that this is not simply a repetition of the earlier list, but is to be considered as a supplement and aid to further and deeper understanding. In most cases, too, this list will lend itself very well to exercises designed to reconstitute the main elements of the script.

The *Vocabulaire* lists only those words which experience suggests might not be either known or guessable by students at this level. Where possible, French synonyms or definitions are given (to maintain the stress on French as a teaching medium), but we have not made a fetish of this and in some cases an English equivalent is given (in italics). Starred words are those which we feel should be acquired for active use.

The *Phrases utiles* are intended for possible further exploitation by the teacher, and to this end phrases from different registers are identified (see Note on Register — page 100), as also are some common verb/preposition constructions — an area where many students experience difficulty.

The various comprehension exercises (*Avez-vous bien compris?*) are intended to check understanding in a more detailed way than in Section 1. Again they are designed to be used *while the video is running*, and with this in mind they are deliberately simple in format.

### b,c Structures and Travail sur les mots

Although they deal with different aspects of language, these two sections aim to develop the same skills — those of language acquisition and use. They can therefore be considered together.

This is at the same time the most difficult and the most potentially rewarding area of video exploitation. Our basic premise has been that structures, usage and register will best be understood when seen (or in this case mainly *heard*) in context. To this end, a number of potential exercises are proposed covering key (and appropriate) structures, such as the use of the subjunctive, as well as word groups (e.g. occupations) and idioms appropriate to different registers. Since the initial stage must be one of identifying these structures, word groups and idioms *in use*, a number of the exercises need to be carried out *directly from* the video recording (or, if this is impossible, from a sound recording of the text). Where this is the case, the symbol ▢ is used.

Some of the exercises take the form of expansion of the basic points, and these can of course be set after a viewing of the programme, or even in some cases as written follow-up.

## d Explications/Exploitations

The aim of this stage is to encourage students to make the language that they have studied, and hopefully acquired, their own, and to use it productively. The exercises are therefore designed first to elicit a response to the content of the play, usually through directed questions on particular exchanges between the characters, and secondly to encourage reconstitution of the story line and language through various role-playing type exercises. These more straightforward exercises are again best done from the video recording, and could be carried out by the whole class or in small groups.

In addition there are a number of more open-ended exercises (*Donnez votre avis*) which could be either oral or written, and where the presence of the video text is not indispensible.

## Section 3 (discussion)

The aim of this section is to draw together some of the themes of the play. The discussion in the studio could be regarded as a stimulus to general discussion (still in French!), following the more specific points discussed in Section 2d.

It is not envisaged that this will provide the basis for any language work as such, and thus the Exercises are restricted to a number of general questions to be treated orally or in writing. It is even conceivable that some of these questions may be answered in English.

**In conclusion** we would stress two points. The first we have made already: that is that the proposed exercises are just that — proposals, not prescriptions. They will only work if they are adapted or changed depending on specific requirements.

The second, and related, point is about the role of the teacher. Important as the video is as a teaching tool, it can never be used as a replacement for the language teacher. However well conceived the video text and the accompanying exercises, they can not themselves teach anything. At the risk of patronizing those teachers used to exploitation of the television text, we therefore think it of some value to briefly enumerate those areas where the teacher's role remains paramount:

● *Preparation*    Scanning the text. Deciding priorities. Selecting areas for detailed exploitation.

● *Control*    In class actively *using* the video. Ensuring that the right amount of text is worked on (usually less rather than more). Repeating difficult sections. Using various ploys — repetition, substitution — to develop listening skills and comprehension.

● *Organisation*    Deciding when to use the video, and when it can be dispensed with. Making and using sound recordings of the text. Using written back up.

● *Selection*    Deciding not only what to omit from the proposed exercises, but adding exercises suitable to the group.

We are well aware of the problems of time faced by all teachers, and have attempted to alleviate these with our proposed exploitation. It is none-theless our hope that this will spur people on to add to our attempts, rather than to consider the work complete.

**Note on Register**
At least two of the broadcast programmes are particularly suitable for work on register, and the exploitation exercises reflect this fact. In devising these exercises, we have based ourselves on the three broad categories of register identified by Batchelor and Offord in *A guide to contemporary French usage* (C.U.P.):

**1**    (*familier*)    informal, colloquial, casual, familiar French.
                e.g. use of *'tu'* forms; omission of *'ne'* — 'T'affole pas comme ça.'
**2**    (*courant*)    standard polite French, universally acceptable in every situation.
**3**    (*soutenu*)    formal, official, literary French. Some examples in *La Belle Vie*, but usually language is either **1** or **2**.

# Video Exploitation Exercises

## La Belle Vie: 1ère partie

### *Section 1 (présentée par Jacky Simon)*

**A** *Mots clés/phrases clés*

PRESENTATION DE LA PIECE ET DES ACTEURS

pièce diffusée par Antenne 2
Maïa Simon qui joue le rôle de Gertrud — la fille du Comte
Jacques François qui joue le rôle du Comte
Jean-Pierre Bouvier qui joue le rôle de Hans — le fils du Comte, le frère de
    Gertrud
Alain Mottet qui joue le rôle du Commissaire du peuple
une grande entente entre acteurs et metteur en scène
un succès populaire
un succès de critique
un succès justifié/fulgurant
pièce pas complètement achevée

RESUME DU 1ER EPISODE

Nous sommes à Munich en 1918 — c'est la Révolution
prendre le pouvoir
proclamer la République
la 1ère scène se déroule dans l'une des prisons de la ville
quel sort le Parti leur aura réservé
une situation périlleuse
ils vont réagir de manière différente
irrécupérable
il n'a aucune spécialité
sauver sa peau
faire un beau tapage
endroit fréquentable
Ludwig — le mari de Gertrud, le gendre du Comte, le militaire de la famille
Tante Mina — naïve et charmante
les vaincus ... les vainqueurs
jouer un rôle fondamental

**B** *Idées principales*

PRESENTATION DE LA PIECE ET DES ACTEURS

Répondez aux questions suivantes (1 ou 2 mots suffiront):

1. Quelle chaîne de télé française a diffusé la pièce d'Anouilh? — Elle a été diffusée par ...
2. Qui est Gertrud? — Elle est ...
3. Qui est Hans? — Il est ...
4. Que dit Maïa Simon à propos du tournage de la pièce? — Il y avait une ... entre acteurs et metteur en scène.
5. Quels mots emploie-t-elle pour décrire le succès qu'a eu la pièce? — La pièce a eu un succès ...
6. Et Jean-Pierre Bouvier, quel qualificatif emploie-t-il pour décrire le succès de la pièce? — Un succès ...
7. Que dit Jacques François à propos de la pièce? — C'est une pièce pas complètement ...

RESUME DU IER EPISODE

Cochez la réponse qui convient:

1. En quelle année la pièce se déroule-t-elle?
   — en 1919
   — en 1918
2. Qui a pris le pouvoir?
   — le peuple
   — la bourgeoisie
3. Qu'a-t-on proclamé?
   — la Révolution
   — la République
4. Où se déroule la première scène?
   — dans la prison centrale
   — dans l'une des prisons de la ville
5. Comment est la situation?
   — grave
   — périlleuse
6. Comment les personnages vont-ils réagir?
   — de manière indifférente
   — de manière différente
7. Comment est le Comte pour un gouvernement du peuple?
   — irrécupérable
   — indispensable
8. Que dit Jacky Simon à propos des compétences du Comte?
   — il n'a qu'une spécialité
   — il n'a aucune spécialité

9. Que menace de faire la Comtesse si on ne les transfère pas?
   — un beau tapage
   — un beau vacarme
10. Qui est Ludwig?
   — le gendre de la Baronnesse
   — le gendre de la Comtesse
11. Dans quel camp classeriez-vous le Comte et sa famille?
   — celui des vainqueurs
   — celui des vaincus
12. Dans quel camp classeriez-vous le peuple, Albert et le Commissaire?
   — celui des vainqueurs
   — celui des vaincus
13. Quel rôle le peuple va-t-il jouer?
   — fondamental
   — expérimental

## *Section 2*

### Compréhension

**A** *Mots clés/phrases clés*
la liste
une épuration
les choses se tassent
les hommes de ma trempe redeviennent indispensables
il faut avoir une spécialité
je crains d'être irrécupérable
«Monsieur le Comte est servi»
je suis un fils du peuple
se faire fusiller
le seul endroit fréquentable
réclamer
le seul endroit où on s'amuse encore
l'épreuve que nous traversons
sucer le sang du peuple
un peu de décence

**B** *Vocabulaire*

| | |
|---|---|
| une épuration | *a purge* |
| liquider (fam.) | tuer |
| un créancier | une personne à qui on doit de l'argent |
| *un locataire | une personne qui loue son habitation (elle n'en est pas la propriétaire) |
| une compétence | une spécialité |
| le tir au pigeon | un sport |
| couler | *to flow* |
| l'optique (f.) | la perspective |
| *forcément | inévitablement, fatalement |
| *partager | *to share* |
| *plaisanter | *to joke* |
| *un cordonnier | une personne qui répare chaussures, bottes etc. |
| *féliciter | complimenter |
| *odieux | détestable (*ant.* délicieux) |
| une blanchisseuse | une personne qui — autrefois — lavait le linge, le blanchissait, le repassait |
| tout de même | quand même |
| se faire fusiller | *to get shot* |
| *prévoir | envisager |
| *un(e) fonctionnaire | une personne qui est employée par l'Etat, (par exemple un professeur) |
| *abordable | (ici) fréquentable |

| | |
|---|---|
| être muté | être envoyé ailleurs, être changé d'endroit |
| *fréquentable | que l'on fréquente. (Fréquenter une personne = la voir souvent; fréquenter un endroit = y aller souvent) |
| une cohue | une foule (beaucoup de monde) |
| *réclamer | (ici) se plaindre |
| *d'autant plus que | *all the more because* |
| ravir-être ravi | être content/heureux |
| *une épreuve | (ici) un moment difficile |
| *éviter | *to avoid* |
| *de justesse | de très peu |
| un agacement | un problème |
| un cadavre | un mort |
| sucer | *to suck* |
| le greffe | endroit où se font les déclarations relatives à la procédure (justice) |

**C** *Phrases utiles*

les choses se tassent
ça me paraît peu probable
remarquez que...
je ferai mon possible
je n'y peux rien

profiter *de* qqn. *pour* faire qch.
la manière *de* faire qch.
faire appel *à* qqn.
faire état *de* qch.
avoir le cœur *de* faire qch.
être de l'avis *de* qqn.
parler *sur* un ton
contribuer *à* qch.
plaisanter *avec* qqn.
permettre *à* qqn. *de* faire qch.
avoir envie *de* faire qch.
être incapable *de* faire qch.
avoir le droit *de* faire qch.

**D** *Avez-vous bien compris?*

SCENE ENTRE LE COMTE ET L'HOMME D'AFFAIRES

**a** Repassez la scène.
**b** Complétez les phrases suivantes (1 ou plusieurs mots):
1.  L'HOMME D'AFFAIRES Mais après les choses se tassent. On fait appel aux... (...) Quelle était votre spécialité?
    LE COMTE Le.... J'ai également gagné plusieurs coupes de.... .

2. **L'HOMME D'AFFAIRES** Une ... . Il faut avoir une spécialité. Cherchez encore.

   **LE COMTE** Un peu plus jeune, on m'assurait que je ... très bien (...) Ah! Autre chose, je savais très bien ... .

3. **L'HOMME D'AFFAIRES** Vous n'avez jamais appris un métier manuel?

   **LE COMTE** Si, si, la ... . J'ai copié un salon d'Aubusson.

4. **L'HOMME D'AFFAIRES** Croyez, cher ami, que si ma position et mes ... me donnent quelque crédit auprès de ces gens-là, je ... .

5. **LE COMTE** Voulez-vous, voulez-vous partager ...?

6. **LE COMTE** (...) A quelle heure est ...?

   **L'HOMME D'AFFAIRES** Une ... comme d'habitude.

7. **LE COMTE** L'heure à laquelle mon maître d'hôtel venait m'annoncer: «...»

   Il paraît qu'il était ... sans que je le sache.

8. **LE COMTE** (...) Vous savez que je suis d'origine ... (...)

   **L'HOMME D'AFFAIRES** Eh bien moi, Dieu merci, malgré l'importance que j'avais dans les sulfates, je suis un ... .

SCENE ENTRE LE COMTE ET LES MEMBRES DE SA FAMILLE

**a** Repassez la scène.

**b** Complétez les phrases suivantes (1 ou plusieurs mots).

1. **LA COMTESSE** C'est tout de même malheureux de ... bêtement parce que vous n'avez rien su prévoir encore une fois.

2. **GERTRUD** Vous savez la nouvelle, père? (...) Tout ce qui avait un nom dans la ville est à ... . Il paraît que c'est le ... en ce moment.

3. **HANS** D'autant plus que c'est le seul endroit où ... encore. Il paraît qu'il s'y donne des ... tous les soirs.

4. **LUDWIG** Je suis ... et j'ai toujours considéré la mort comme une part normale de mon activité mais je n'ai pas envie d' ... entre mon ... et mon ... . C'est mon ... .

5. **GERTRUD** Père! Mais on ne fusillera jamais Ludwig! (...) On ne peut pas dire qu'il ait sucé ... . Il a toujours été ... de gagner un sou!

6. **LE COMTE** Un peu de ... . C'est l'heure de la liste et certains d'entre nous vont ... . Mais, mais c'est ... .

## Structures

**A** *Le subjonctif*

☐ **a** Relevez tous les subjonctifs que vous entendrez. La liste ci-dessous vous y aidera. Attention, tous les verbes donnés ne sont pas au subjonctif!

*liquider — contribuer — décider — paraître — danser — savoir — être entrer — venir — annoncer — rester — s'amuser — rêver — sucer — trouver*

**b** Relevez ensuite la conjonction, le verbe, ou l'expression introduisant le verbe au subjonctif.

**c** Puis complétez les phrases suivantes:

1. L'HOMME D'AFFAIRES ... le gouvernement provisoire de la nouvelle République ... une destruction massive de ces volatiles.
2. L'HOMME D'AFFAIRES ... cela ne leur ... non plus très important.
3. LE COMTE Mais ... dans la nouvelle optique, cela ne ... pas non plus une vertu très civique.
4. LE COMTE Il paraît qu'il était chef d'une section ... je le ... . Cela ... il ... en commissaire du peuple et qu'il ... m'annoncer pour la dernière fois «Monsieur le Comte est servi.»
5. GERTRUD ... nous qui ... ici dans une cohue d'hommes d'affaires et de petits boutiquiers.
6. HANS C'est ... où on ... .
7. LE COMTE Mes pauvres enfants, je ... vous ne ... .
8. GERTRUD On ne peut pas ... il ... le sang du peuple.

**d** Réemploi: Complétez les phrases suivantes:

1. On ne peut pas dire que la Comtesse ... .
2. L'Homme d'affaires ferait n'importe quoi pour que le gouvernement provisoire l' ... .
3. Gertrud pense qu'il faut qu'ils ... à la prison centrale.
4. Hans aimerait lui aussi qu'ils ... .
5. Ludwig ne s'inquiète que d'une chose: qu'il ... entre son tailleur et son bottier.
6. Le Comte est le seul qui ... la tête sur les épaules. Il n'y a que lui qui ... ce qui se passe.
7. Je crains que Tante Mina ... bien ce qui lui arrive.
8. La Comtesse tient à ce que ses enfants ... libres d'être avec leurs amis.
9. Le Comte est irrécupérable pour un gouvernement du peuple à moins qu'ils ... la destruction totale des volatiles.
10. Albert était chef d'une section sans que les Valençay le ... .

**B** *Les terminaisons*

SCENE ENTRE LE COMTE ET L'HOMME D'AFFAIRES (1ère moitié — jusqu'à «Je n'y manquerai pas.»)

**a** Repassez la scène.

**b** Complétez les phrases suivantes à l'aide de mots se terminant par le son -é. Attention! Il y a plusieurs graphies possibles.

LE COMTE Ce doit être la liste de ce matin. Ils mettent à peu près trois heures.

L'HOMME D'AFFAIRES Toutes les révolutions commencent par une épuration imbécile et brutale. On en profite pour ... le voisin parce qu'il... un peu trop... votre femme. Ou les... trop pressants. Le patriotisme... et la défense de la cause... du peuple ont toujours beaucoup... à l'extinction des dettes. En période de crise, la dénonciation du locataire... aussi la manière la plus élémentaire de se... un appartement. Mais après, les choses se tassent. On... appel aux compétences. Et les hommes de ma trempe, rompus aux affaires internationales, redeviennent indispensables. Quelle... votre...?

LE COMTE Le bridge. J'... également... plusieurs coupes de tir au pigeon.

L'HOMME D'AFFAIRES Evidemment. A moins que le gouvernement provisoire de la nouvelle République ne décide une destruction massive de ces volatiles.

LE COMTE Ça me... peu probable. Le sang des pigeons coulera le... .

L'HOMME D'AFFAIRES Une.... Il faut avoir une... ... encore.

LE COMTE Un peu plus jeune, on m'... que je... très bien.

L'HOMME D'AFFAIRES Ce n'... pas sérieux, ça.

LE COMTE Cela m'a paru très sérieux une grande partie de ma vie. Mais maintenant.

L'HOMME D'AFFAIRES L'optique a forcément... .

LE COMTE Comme vous dites.

Ah! Autre chose, je... très bien... aux femmes.

L'HOMME D'AFFAIRES J'... peur que cela ne leur paraisse pas non plus très important. ... qu'on va... ... .

LE COMTE Justement. On n'aura plus besoin de savoir leur.... Non, pour un gouvernement du peuple, je crains d'être irrécupérable, comme ils disent dans leur jargon.

L'HOMME D'AFFAIRES Vous n'... jamais appris un... manuel?

LE COMTE Si, si, la tapisserie. J'... ... tout un salon d'Aubusson.

L'HOMME D'AFFAIRES Evidemment.

..., ... ami, que si ma position et... compétences me donnent quelque crédit auprès de... gens-là, je... mon possible.

LE COMTE Merci, ... ami. ...-vous... ma dernière cigarette?

L'HOMME D'AFFAIRES Vous en... encore une? Vous êtes très généreux.

LE COMTE Oui, j'... un certain talent, pour cela aussi. Mais j'... peur que, dans la nouvelle optique, cela ne paraisse pas non plus une vertu très civique.

L'HOMME D'AFFAIRES J'en... peur aussi.

Merci. Je n'... pas eu l'occasion de... la Comtesse ce matin. ... lui... ... ... .

LE COMTE Je n'y... pas.

## Travail sur les mots

**A** *Vocabulaire*

**a** Relevez les phrases du texte où ces mots et expressions sont utilisés:

1. liquider
2. une spécialité
3. les choses se tassent
4. les hommes de ma trempe
5. un métier manuel
6. je ferai mon possible
7. sans que je le sache
8. se faire fusiller
9. le seul endroit fréquentable
10. faire valoir vos droits
11. faire comme les autres
12. l'épreuve
13. sucer le sang du peuple
14. avoir le droit de

**b** Donnez le synonyme des mots ou expressions ci-dessous:

1. liquider
2. une spécialité
3. je ferai mon possible
4. faire comme les autres
5. avoir peur que
6. une tradition
7. mes félicitations!
8. probable
9. savoir
10. faire état de

**B** *Les noms de métiers*

**a** Relevez les noms de métiers mentionnés dans cet épisode. Il y en a treize.

**b** Quels sont ceux encore en usage?

**c** Trouvez le métier décrit par les définitions suivantes. Utilisez un dictionnaire si besoin est.

1. Il enseigne toute la journée le français à des étudiants peu motivés.
2. Elle lave la vaisselle, fait le ménage, passe l'aspirateur.
3. Il distribue le courrier trois fois par jour.
4. Elle s'occupe de bébés dans une crèche.
5. Elle soigne ses malades, soit à son cabinet, soit chez eux.
6. Il conduit le bus No. 32 tous les jours.
7. Elle occupe un poste important au gouvernement. Elle est responsable du Ministère de l'Education Nationale.
8. Il travaille dans un café. Il apporte les boissons aux clients.
9. Elle travaille dans un supermarché. Elle enregistre les achats des clients sur sa machine. Elle tape le total et rend la monnaie.
10. Il travaille sur un chantier. Il construit des maisons.
11. Il programme les ordinateurs.
12. Il voyage dans l'espace à bord d'un vaisseau spatial.
13. Il crée des robes, des tailleurs, des ensembles, des manteaux que peu de femmes peuvent se payer.
14. Il travaille sous terre pour extraire le charbon.
15. Il anime des émissions de radio ou de télévision.
16. Elle présente les programmes à la télévision.
17. Il dirige les acteurs dans une pièce de théâtre.
18. Il dessine des plans, des maquettes de bâtiments.
19. Elle enseigne dans le primaire.
20. Il ramasse les poubelles et les détritus.

**d** Donnez une définition des métiers ci-dessous:

1. fonctionnaire
2. gardien-chef
3. directeur
4. danseuse
5. maître d'hôtel
6. homme d'affaires

## Explications

**a** SCENE ENTRE LE COMTE ET L'HOMME D'AFFAIRES
(2ème moitié — à partir de «A quelle heure est la prochaine liste?»)

1. Repassez la scène.
2. Expliquez la phrase:
«Ce serait amusant, non? Qu'il entre en Commissaire du peuple et qu'il vienne m'annoncer pour la dernière fois «Monsieur le Comte est servi». Couic!»
3. Expliquez la phrase:
«Je suis un fils de cordonnier (...) maintenant je compte bien en faire état! Parce que je suis un fils du peuple, moi et puis je le prouverai.»
Pourquoi pensez-vous que l'Homme d'affaires veuille aujourd'hui utiliser les ascendances qu'il avait si bien cachées autrefois?
4. Que pensez-vous de la phrase du Comte:
«Permettez-moi de vous féliciter bien sincèrement.»
Expliquez plus particulièrement l'adverbe *sincèrement*.
5. Expliquez la dernière réplique de l'Homme d'affaires:
«Et ils n'étaient même pas mariés!»
Puis celle du Comte:
«Tous mes compliments!»

**b** SCENE ENTRE LE COMTE ET LES AUTRES MEMBRES DE SA FAMILLE

1. Repassez la scène.
2. Expliquez la réplique du Comte:
«Mes pauvres enfants, je crains que vous ne rêviez...»
Dîtes la même chose sans utiliser un subjonctif.
3. Expliquez la réplique du Comte:
«Vous savez, entre cadavres...»
Imaginez la fin de cette réplique.
4. Comment Ludwig réagit-il à cette réplique ironique du Comte? Que fait-il pour manifester sa désapprobation?
5. Expliquez la phrase du Comte à l'égard de Ludwig:
«J'espère que ça lui sera compté.»
6. Albert lit les noms sur la liste. Comment les Valençay réagissent-ils à l'appel de leur nom? Que fait Gertrud avant de sortir avec les siens?

## Exploitations

**A** *A vous de jouer!*

**a** Repassez la scène entre le Comte et l'Homme d'affaires.

**b** En vous aidant des indications ci-dessous, rejouez la scène:

| Le Comte | L'Homme d'affaires |
|---|---|
| **1** la liste | |
| | **2** les révolutions |
| | **3** les compétences |
| **4** les spécialités du Comte<br>   — le bridge<br>   — le tir au pigeon etc. | |
| | **5** les réactions de l'Homme d'affaires |
| | **6** promesse — je ferai mon possible |
| **7** cigarette? | |

**B** *Donnez votre avis*

**a** Faites le portrait du Comte.

**b** Que pensez-vous de l'Homme d'affaires?

**c** Quelle impression vous font les autres membres de la famille: la Comtesse, Gertrud, Hans et Ludwig?

**C** *Récapitulation*

Reportez-vous aux mots clés/phrases clés de cette première partie, et faites un résumé oral/écrit de ce qui se passe dans:

**a** la scène entre le Comte et l'Homme d'affaires,

**b** la scène entre le Comte et les autres membres de la famille.

*Section 3*

**a** A propos d'Anouilh, Jacques François dit:

«Il règle ses comptes avec tout le monde. Avec l'aristocratie, avec les révolutionnaires.»

et un peu plus tard il ajoute:

«Il (Anouilh) est un misanthrope profond.»

Comparez cette opinion de Jacques François avec ce que dit Lazare Iglesis dans son interview (page 95).

**b** Pour Alain Mottet:

«Tout le monde est ridicule pour Anouilh.»

Qu'en pensez-vous?

**c** A propos du Comte, Jacques François qui joue le Comte dit qu'il:

«est le seul personnage qui n'est pas ridicule dans la pièce.»

Et Jean-Pierre Bouvier ajoute:

«C'est au départ, le seul personnage qui soit intelligent (...) C'est le seul qui ait, quand même, avec humour cette distance vis à vis de la situation.»

Partagez-vous leurs opinions?

**d** Comparez le caractère et l'attitude du Comte et de l'Homme d'affaires. Pour lequel des deux éprouvons-nous le plus de sympathie? Pourquoi?

**e** Etudiez les répliques suivantes:

LE COMTE Voulez-vous partager ma dernière cigarette?

L'HOMME D'AFFAIRES Vous en avez encore une? Vous êtes très généreux.

LE COMTE Oui, j'avais un certain talent pour cela aussi. Mais j'ai peur que dans la nouvelle optique, cela ne paraisse pas non plus une vertu très civique.

LUDWIG Je suis officier et j'ai toujours considéré la mort comme une part normale de mon activité, mais je n'ai pas envie d'être fusillé entre mon tailleur et mon bottier. C'est mon droit.

Que nous apprennent-elles sur les différents personnages?

# La Belle Vie: 2ème partie

## *Section 1 (présentée par Alain Mottet — le Commissaire)*

**A** *Mots clés/phrases clés*

ils doivent payer maintenant
il y a l'éducation du peuple
il ne faut pas que le peuple oublie
une famille bourgeoise serait épargnée
elle continuerait à vivre comme avant
ils vivront au Musée du Peuple derrière des cordes.
Albert sera à leur service, mais uniquement pendant les représentations
il y aura trois représentations

**B** *Idées principales*

Cochez la réponse qui convient.

1. Quel rôle joue Alain Mottet?
   — le sous-commissaire du peuple
   — le commissaire du peuple
2. S'il ne tenait qu'à lui, que seraient-ils tous?
   — épargnés
   — exécutés
3. Que dit-il à propos de l'éducation du peuple?
   — Il faut que le peuple oublie.
   — Il ne faut pas que le peuple oublie.
4. Qu'est-ce que le gouvernement provisoire a décidé?
   — Dans chaque ville importante une famille bourgeoise serait exécutée.
   — Dans chaque ville importante une famille bourgeoise serait épargnée.
5. Comment les Valençay vivront-ils au Musée du Peuple?
   — comme autrefois derrière des cordes
   — comme autrefois mais derrière des cordes
6. Que fera le peuple?
   — Il ira les regarder comme au zoo.
   — Il ira s'amuser comme au zoo.
7. Que fera Albert?
   — Il sera à leur service comme avant.
   — Il sera à leur service, mais uniquement pendant les représentations.
8. Combien de représentations y aura-t-il?
   — 13
   — 3

*Section 2*

## Compréhension

**A** *Mots clés/Phrases clés*

ils passeront à la casserole (*fam.*)
accéder à la dignité d'ouvrier
élimination physique
il ne faut pas que le peuple oublie
vous ferez l'affaire
tâchez de les faire rire
le bon temps est fini
les représentations
si vous avez encore un cou, c'est grâce à moi
on vous demande de vivre

**B** *Vocabulaire*

| | |
|---|---|
| *inadmissible | inacceptable, intolérable |
| pas mal roulée (*fam.*) | femme bien faite, bien proportionnée |
| se pomponner (*fam.*) | se maquiller, arranger sa toilette avec coquetterie |
| *veiller à ce que + subj. | prendre soin de, faire attention |
| lésiner (sur qch.) | faire le minimum de dépenses |
| vipères lubriques | insulte propre à Anouilh |
| *un échelon | *a grade* |
| *manœuvre balai | Un manœuvre est un ouvrier non spécialisé (*unskilled*). Ici, 'manœuvre balai' signifie que l'ouvrier a pour travail de balayer l'usine. |
| *ouvrier spécialisé | *semi-skilled worker* |
| *suer | transpirer; (ici) travailler dur |
| *faire l'affaire | convenir |
| *tâcher | essayer |
| *inaugurer | (ici) entreprendre pour la première fois |
| (préférer ça de beaucoup) à la racine des pissenlits | L'expression usuelle est 'manger les pissenlits par la racine', c'est à dire 'être mort'. |
| le coup de veine (*fam.*) | coup de chance |
| un larbin | un domestique |
| dégueulasse (*fam.*) | horrible (*ant.* excellent) |
| monter sur ses grands chevaux (*fam.*) | se fâcher, s'énerver |
| à l'essai | *on trial* |
| les mirettes (*fam.*) | les lunettes |
| rigoler (*fam.*) | rire |

| | |
|---|---|
| *amer | (ici) acide |
| *souhaiter | désirer |
| *une goutte | (ici) un tout petit peu |
| *l'instruction (f.) | l'éducation |
| *le divertissement | une distraction, un passe-temps |
| *s'affoler (*fam.*) | s'inquiéter |
| un ivrogne | une personne qui a l'habitude de s'enivrer, un alcoolique |
| le pitre | le clown |
| la racaille (*fam.*) | la pègre, la canaille: ensemble de personnes considérées comme la partie la plus vile (basse) de la société |
| rompez! | *dismiss!* |
| gratis (*fam.*) | gratuitement |
| être fagotée (*fam.*) | être habillé(e) |
| être rond (*fam.*) | être ivre |
| sauver sa peau (*fam.*) | (ici) être épargné, échapper à la mort |

## C *Phrases utiles*

ce qui m'intrigue, c'est...
j'ai eu cet honneur
comptez sur moi
c'est grâce à moi
comment se fait-il que + subj.
il n'est pas question de...

risquer *à* faire
servir *à* qch.
apprendre *à* qqn. *à* faire qch.
tâcher *de* faire qch.
être chargé *de* (faire) qch.
permettre *à* qqn. *de* faire qch.
tenir *à* ce que + subj.
abuser *de* qch.
prendre goût *à* qch.
continuer *à* faire (qch.)
se charger *de* (faire) qch.
se mettre *à* faire qch.

## D *Français familier*

passer à la casserole = être exécuté
mettez-vous ça dans votre petite tête
pas question (*F. courant*: il n'est pas question de)
ma grosse cocotte
t'affole pas comme ça (*F. courant*: ne t'affole pas comme ça)
minute, mon coco
tu es tombé sur la tête

☐ **E** *Avez-vous bien compris?*

**a** Qui dit quoi?/Qui fait quoi?/Qui ressent quoi?
Complétez le tableau suivant selon l'exemple donné.

| | Le Comte | La Comtesse | Tante Mina | Gertrud | Albert | Le Commissaire |
|---|---|---|---|---|---|---|
| Qui est intrigué par la corde? | ✓ | | | | | |
| Qui veut savoir le nom du Commissaire? | | | | | | |
| Qui fait une révérence? | | | | | | |
| Qui est bien roulée? | | | | | | |
| Qui passait beaucoup de temps à sa toilette? | | | | | | |
| Qui veut que Gertrud ait 2 douzaines de robes? | | | | | | |
| Qui ne sait que s'habiller et se déshabiller? | | | | | | |
| Qui explique aux Valençay la décision du Comité? | | | | | | |
| Qui leur en expliquera le détail? | | | | | | |
| Qui s'adresse à Albert comme autrefois? | | | | | | |
| Qui a proposé les Valençay au Comité? | | | | | | |
| Qui s'évanouit? | | | | | | |
| Qui se fâche comme une petite fille? | | | | | | |
| Qui propose à Albert d'oublier le passé? | | | | | | |
| Qui sera au service des Valençay pendant les représentations? | | | | | | |
| Qui est affolée à l'idée d'apprendre un rôle? | | | | | | |

**b** Cochez la réponse qui convient.
1. Qui lit la liste?
   — Albert
   — le Commissaire
2. Qui a été officier dans l'ancienne armée?
   — le Comte
   — Ludwig
3. Que fait Gertrud?
   — elle prend du vin
   — elle prend un bain
4. Combien de robes aura Gertrud?
   — une douzaine
   — deux douzaines
5. Quel sera le sort des Bourgeois et des Aristocrates?
   — ils passeront à la casserole
   — ils iront travailler en usine
6. Et le sort de leurs enfants?
   — ils passeront à la casserole
   — ils iront travailler en usine
7. Pour quelle raison leurs enfants ne pourront-ils jamais dépasser l'échelon manœuvre balai?
   — ils sont trop bien nés pour ça
   — ils ne sont pas assez bien nés pour ça
8. Quelle explication de la situation Albert donne-t-il à la Comtesse?
   — le bon temps commence
   — le bon temps est fini
9. Quelle révélation la Révolution a-t-elle permis à Albert?
   — il pissait dans le café des Valençay
   — il savait des choses que les Valençay ne savaient pas
10. Comment doit-on appeler Albert maintenant?
    — Camarade sous-commissaire adjoint
    — Camarade commissaire adjoint
11. Que devront faire les Valençay pendant les représentations?
    — vivre autrement
    — vivre comme avant
12. Que dit Ludwig à Albert?
    — qu'on peut venir le prendre et le pendre
    — qu'on peut venir le prendre et le fusiller
13. Que dit Hans au Comte?
    — qu'il est prêt à travailler de ses mains
    — qu'il ne compte pas s'adapter au monde de demain
14. Que dit Albert à Hans?
    — qu'on lui permettra de devenir ouvrier
    — qu'on ne lui permettra pas de devenir ouvrier

## Structures

### A *Le subjonctif*

**a** Complétez les phrases suivantes, en relevant tous les subjonctifs que vous entendrez.

1. Oh ça, camarade commissaire! Il faut qu'il... comme ça!
2. Il faudra veiller... .
3. Pour les adultes, élimination physique pure et simple, c'est la seule méthode... .
4. Il ne faut pas que le peuple... .
5. Il faut que dans dix ans les fils d'ouvriers... la classe bourgeoise.
6. Si vous devenez un personnage important du régime, je souhaite que... .
7. On vous dit qu'on veut que le peuple... .
8. On tient à ce que le peuple vous... .
9. Il n'y a pas de raison qu'on... .
10. Pour que j'... deux fois plus de travail.

**b** Réemploi: Refaites les phrases suivantes, en utilisant le subjonctif. Servez-vous des verbes et expressions ci-dessous:

*il faut que — il ne faut pas que — souhaiter que — se figurer que — il est hors de question que — tenir à ce que — veiller à ce que.*

1. Le peuple doit comprendre.
2. Le peuple ne doit pas oublier.
3. Les fils d'ouvriers doivent s'en souvenir.
4. Si la Révolution ne réussit pas, j'espère que vous vous rappellerez ce que j'ai fait pour vous.
5. Pas question d'avoir plus de travail maintenant!
6. Tu crois peut être pouvoir devenir ouvrier si facilement!
7. Les Valençay seront épargnés. Telle est la décision du Comité central.
8. Albert s'occupera des Valençay pendant les représentations. Il veillera à satisfaire leurs moindres désirs.

### B *Le discours rapporté (discour indirect)*

SCENE ENTRE ALBERT ET LA COMTESSE

**a** Repassez la scène entre Albert et la Comtesse (jusqu'à la réplique de Tante Mina).

**b** Notez ce qu'Albert répond à la Comtesse quand elle lui demande: «Albert! Vous allez me dire immédiatement ce que tout cela signifie!»

**c** Puis racontez cette scène en utilisant le style indirect, par exemple:
*A la Comtesse qui lui demandait de lui dire immédiatement ce que tout cela signifiait, Albert répondit que...*

SCENE ENTRE ALBERT ET LUDWIG

**a** Repassez la scène entre Albert et Ludwig.

**b** Notez ce qu'ils se disent. (Commencez à la réplique de Ludwig «Monsieur Albert!» et arrêtez à celle d'Albert «... il vous voie tels que vous étiez!».)

**c** Puis racontez cette scène en utilisant le style indirect, par exemple: *A Ludwig qui lui déclarait qu'il ne ferait pas le pitre...*

**C** *Les prépositions*

Repassez le discours du Commissaire (plusieurs fois si besoin est). Puis complétez les phrases suivantes à l'aide de la préposition qui convient:

Vous êtes des chiens, des vipères lubriques, des sangsues qui ont sucé le sang du peuple et vous payez maintenant. Vous avez entendu les salves... la prison? Tous vos pareils passeront... la casserole et vos enfants... moins... quinze ans, ... un temps... rééducation, ... l'usine! On tâchera... leur apprendre... vous oublier et... accéder... la dignité d'ouvrier. Seulement, ils ne pourront jamais dépasser l'échelon manœuvre balai. Ouvrier spécialisé et... plus forte raison, les études... devenir ingénieur, pas question! Ils ne sont pas assez bien nés... ça! ... la prochaine génération, on verra. ... prudence. Voilà... les enfants. ... les adultes, élimination physique pure et simple, c'est la seule méthode qui ait fait ses preuves... ici. Seulement il y a l'éducation du peuple. Et il ne faut pas que le peuple oublie. Il faut que... dix ans, quand on vous aura tous liquidés, les fils des ouvriers qui ont fait la Révolution puissent comprendre eux aussi ce que cela a été la classe bourgeoise. Les adultes, pas... danger qu'ils oublient, ils ont assez sué... vous au cours... leur chienne de vie.

Vous avez été recommandés... Comité... le camarade Albert qui vous connaît bien et qui a dit que vous feriez l'affaire. Ici, c'est un Musée du Peuple. Vous allez y vivre comme... vous, comme autrefois, et derrière ces cordes, le peuple viendra vous regarder. Oui, comme... zoo! Et tâchez... les faire rire, bande de singes! ... le détail, le camarade Albert, qui est chargé... ce service, vous expliquera.

Je vais rendre compte... Comité et on vous inaugurera demain. Tâchez... être prêts et... faire l'affaire! Car n'oubliez pas qu'il y a d'autres candidats qui préféreraient ça, ... beaucoup, ... la racine des pissenlits!

**Travail sur les mots**

**A** *Les registres de la langue*

**a** Relevez dans le discours du Commissaire des exemples de français familier.

**b** Quelle expression Albert utilise-t-il vis à vis de la Comtesse pour la remettre à sa place?

(LA COMTESSE Albert! Vous allez me dire immédiatement ce que tout cela signifie!)

**c** Relevez les mots et expressions de français familier utilisés par Albert vis à vis de Tante Mina.

(TANTE MINA Nous devrons apprendre des rôles? Mais je n'ai aucune mémoire! J'ai jamais su une fable!)

**d** Relevez les mots et expressions de français familier utilisés par Albert vis à vis de Hans.

(HANS Je travaillerai. Au besoin de mes mains.)

**e** Relevez la phrase que dit le Comte à Albert pour le remercier d'être intervenu en leur faveur. Quel registre de la langue utilise-t-il?

**f** Finalement, refaites les phrases relevées ci-dessus en utilisant le français courant.

**B** *Vocabulaire*

**a** Donnez l'équivalent en français courant de ces mots et expressions donnés ci-dessous en français familier:

1. être liquidé
2. manger les pissenlits par la racine
3. pas question
4. ma petite dame
5. sauver sa peau
6. un coup de veine
7. dégueulasse
8. monter sur ses grands chevaux
9. les mirettes
10. rigoler
11. pisser
12. T'affole pas!
13. gratis
14. être rond

**b** Complétez les phrases suivantes en réutilisant le vocabulaire de cette 2ème partie:

1. Albert a recommandé les Valençay au Comité central car il pense qu'ils ... .
2. Les Valençay ont été pris ... dans un premier temps.
3. Les Valençay vivront comme avant devant le peuple pour son ... et son ... .
4. Tante Mina ... car elle n'a aucune mémoire.
5. D'après Albert, c'est un coup de ... pour les Valençay qu'il ait été chef de section.
6. D'après le Commissaire, on tâchera de faire accéder les enfants des bourgeois à la dignité d'ouvrier, mais ils seront au mieux ... .
7. D'après Albert, il n'en manquait pas de bourgeois qui étaient candidats au Musée du Peuple, car ils voulaient ... .
8. Les Valençay auront Albert à ... pendant les représentations.
9. Le Musée du Peuple sera ouvert de huit heures à dix heures, ce sera le ... . De midi à quatorze heures, ce sera le ... . Et le soir de neuf heures à onze heures, ce sera la ... .
10. D'après Albert, l'Etat se charge de tout car l'Etat a tout ... .

**c** Donnez le synonyme des mots ou expressions ci-dessous:

1. inacceptable
2. prendre soin de
3. convenir
4. essayer
5. acide
6. un passe-temps
7. un clown
8. faire le minimum de dépenses
9. un alcoolique
10. travailler dur

## Explications

1. Que fait Tante Mina quand elle dit:
   «Vous êtes bêtes, c'est tout simplement pour nous empêcher de nous échapper!»?
   Pourquoi?

2. A l'appel de son nom, la Comtesse répond:
   «Je suis enchantée, Monsieur. Puis-je vous demander votre nom?»
   Que fait alors le Commissaire? Pourquoi?

3. Le Commissaire a donné l'ordre aux soldats d'aller chercher Gertrud qui prend un bain. A Ludwig, qui bondit d'indignation en disant que cela est «inadmissible», le Comte répond:
   «Tout est admissible maintenant. Mettez-vous ça dans votre petite tête.» Expliquez cette réplique du Comte.

4. Dans la première partie de son discours, le Commissaire parle du sort réservé aux enfants de bourgeois et d'aristocrates et il explique aux Valençay que le nouveau gouvernement essaiera de leur apprendre à devenir ouvrier. Et il précise qu'ils ne pourront jamais faire des études pour devenir ingénieur car:
   «Ils ne sont pas assez bien nés pour ça.»
   Expliquez cette phrase.

5. Albert explique brusquement à la Comtesse:
   «Si vous avez encore un collier autour du cou et encore un cou, c'est grâce à moi.»
   Quel geste la Comtesse fait-elle alors? Pourquoi?

6. A Albert, qui leur explique que c'est grâce à lui qu'ils ont été pris à l'essai pour jouer leur 'belle vie' devant le peuple, le Comte réplique avec gratitude:
   «Mon cher Albert, croyez que nous vous sommes infiniment reconnaissants de ce que vous avez fait pour nous.»
   Expliquez cette phrase, en tenant compte du registre de la langue utilisée.

**Exploitations**

**A** *A vous de jouer!*

**a** Repassez la scène où Hans s'adressant à son père lui déclare:
«Après tout, père, qu'est-ce qu'on risque à accepter?»
Prenez des notes.

**b** Imaginez le dialogue entre le père et le fils. Servez-vous des indications ci-dessous. Employez le futur et le conditionnel.

| Objections du père | Arguments du fils |
|---|---|
| son rang, son titre<br>il n'a pas de métier<br>la vie sera dure<br>il n'a jamais travaillé<br>son éducation<br>difficile de s'adapter<br>les autres le rejetteront | les temps ont changé<br>il est jeune<br>apprendre un métier<br>travailler de ses mains<br>faire n'importe quoi<br>s'adapter au monde nouveau<br>construire une vie nouvelle |

**B** *Donnez votre avis*

**a** Que pensez-vous du Commissaire? Faites son portrait.

**b** Que pensez-vous d'Albert, l'ancien maître d'hôtel des Valençay? Décrivez-le, en tenant compte de la façon dont il parle à ses anciens maîtres.

**C** *Récapitulation*

Reportez-vous aux mots clés/phrases clés de cette deuxième partie. Faites un résumé oral/écrit de ce qui se passe dans:

**a** le discours du Commissaire,

**b** la scène entre Albert et ses anciens maîtres.

## Section 3

**a** A propos de la décision du Comité révolutionnaire d'épargner une famille bourgeoise — en l'occurrence les Valençay — pour qu'ils puissent vivre comme avant mais devant le peuple, car il ne faut pas que le peuple oublie, Jacky Simon déclare:

«Ils (les Valençay) vont jouer leur propre vie devant le peuple. Moi, j'ai trouvé cette décision extrêmement cruelle.»

Alain Mottet, qui joue le Commissaire, est d'accord et il ajoute même:

«Je crois que le théâtre d'Anouilh est éminemment cruel.»

Partagez-vous leurs opinions?

**b** A propos de Hans, Jean-Pierre Bouvier, qui joue Hans, dit:

«Hans est déjà très proche de son père. Il est très lucide, il est très positif. Il remarque tout de suite la géographie des lieux.»

Etes-vous d'accord avec Jean-Pierre Bouvier? Faites le portrait de Hans.

**c** Lisez tout d'abord attentivement les répliques ci-dessous. Puis attribuez chacune d'entre elles à l'un des personnages de la pièce à savoir: le Comte, la Comtesse, tante Mina, Gertrud, Hans, Ludwig.

1. «Albert! Vous allez me dire immédiatement tout ce que cela signifie!»
2. «Mon cher Albert, croyez que nous vous sommes infiniment reconnaissants de ce que vous avez fait pour nous.»
3. «Mais j'ai aucune mémoire! J'ai jamais su une fable!»
4. «Vous allez dire à vos nouveaux maîtres qu'on peut venir me prendre et me fusiller.»
5. «Si j'accepte, c'est à la condition expresse de ne pas être fagotée!»
6. «Je compte bien m'adapter au monde de demain. Je travaillerai. Au besoin de mes mains.»

Puis expliquez votre choix.

## La Belle Vie: 3ème partie

*Section 1 (présentée par Jacques François — Le Comte)*

**A** *Mots clés/phrases clés*
c'est notre première représentation
le Comité révolutionnaire
la Comtesse est nerveuse
je joue mon rôle en exagérant
je fais courir Albert à droite, à gauche
faire/ne pas faire «distingué»
lever le petit doigt
notre représentation va dégénérer en bagarre
la scène du mois de janvier dernier
la Comtesse s'énerve
je perds mon sang-froid
mon gendre veut s'en mêler
ma fille s'indigne
mon fils veut s'interposer
on en vient aux mains
le Comité est ravi de nous

**B** *Idées principales*

Cochez la réponse qui convient:

1. Que dit le Comte à propos de l'inauguration?
   — C'est notre première représentation
   — C'est notre deuxième représentation
2. Comment le Comte joue-t-il son rôle?
   — nerveusement
   — en exagérant
3. Comment la Comtesse joue-t-elle son rôle?
   — nerveusement
   — en exagérant
4. Pourquoi la Comtesse ne fait-elle pas distinguée?
   — parce qu'elle lève son petit doigt
   — parce qu'elle ne lève pas son petit doigt
5. Qui lève le doigt en tenant sa tasse?
   — les aristocrates
   — les petites bourgeoises
6. Qui est responsable de la bagarre?
   — la Comtesse
   — Albert

7. Qui s'énerve?
   — la Comtesse
   — Ludwig
8. Qui perd son sang-froid?
   — Ludwig
   — le Comte
9. Qui couchait avec toutes les putains de la ville?
   — Ludwig
   — Hans
10. Qui changeait d'amant comme on change de couturier?
    — la Comtesse
    — Gertrud
11. Qui couchait avec les femmes de chambre de la Comtesse?
    — Ludwig
    — Hans

## Section 2

## Compréhension

**A** *Mots clés/phrases clés*
nous sommes des ilotes, nous jouerons les ilotes
ils avaient déjà eu l'idée dans le temps?
un trac
ça fera plaisir au peuple
comment voulez-vous que je sois saoul?
Mme la Comtesse est servie
celle-là lève pas son petit doigt
pas assez distinguée
un des meilleurs spécialistes
je tiens à ce que le peuple en ait pour son argent
(ils veulent vous voir) telle qu'ils vous imaginaient
une petite dispute de famille
votre mari faisait coucher sa maîtresse à la maison
ce n'est pas le jour de me le reprocher
on peut leur confier le poste

**B** *Vocabulaire*

| | |
|---|---|
| *dorénavant | maintenant |
| enivrer | rendre ivre |
| *les grandes puissances | les pays les plus puissants |
| *bien entendu | certainement |
| *une moyenne | *average* |
| un trac (*fam.*) | une peur |
| un face-à-main | un binocle que l'on tient à la main |
| le maquillage | *make-up* |
| peinturluré (*fam.*) | peint de couleurs vives |
| saoul | ivre |
| *faire semblant | prétendre |
| foutre dehors (*fam.*) | renvoyer, mettre dehors/à la porte |
| se relâcher | devenir moins stricte; (ici) faire moins bien son service |
| feignant | paresseux |
| une kermesse | une fête |
| le gratin du gratin | ce qu'il y a de meilleur |
| *affirmer | assurer |
| insensé | fou |
| un chiffonnier | *a rag and bone man* |
| un rabatteur | *a beater,* (ici *fam.*) *a pimp* |

| les coulisses | au théâtre, partie cachée par les décors (*sets*) et située de part et d'autre ou en arrière de la scène |
| --- | --- |
| crapuleux | plein de bassesse |
| flûte! (*fam.*) | Zut! |
| claquer (les talons) | *to click one's heels* |
| *tromper | *to deceive* |
| une putain (*fam.*) | une prostituée |
| quant à | en ce qui concerne |
| un coureur en herbe | un jeune Don Juan |
| engrosser | (ici) mettre enceinte |
| confier | (ici) donner |

## C *Phrases utiles*

à votre avis
au dessus de nos moyens
sur le moment
il y a quinze jours que je n'ai pas fumé
ça ne nous est jamais arrivé
je trouve que...
avoir l'air (distingué)

permettez-moi *de* faire qch.
avoir l'idée *de* faire qch.
avoir l'habitude *de* faire qch.
faire confiance *à* qqn./qch.
prier qqn. *de* faire qch.
veiller *à* ce que + subj.
être bon *à* faire qch.
il suffit *de* faire qch.
se tirer *de* qch.
confier *à* qqn. qch.
avoir horreur *de* qch.

## D *Français familier*

faire baver de
je m'en fous
t'en fais pas!
ils vous foutent dehors
bien fait pour (eux)
qu'est-ce qui vous prend?
en avoir pour son argent
allez-y donc
je vide mon sac

**☐ E** *Avez-vous bien compris?*

**a** Qui dit quoi?/Qui fait quoi?/Qui ressent quoi?
Complétez le tableau suivant selon l'exemple donné.

| | Le Comte | La Comtesse | Hans | Gertrud | Ludwig | Albert |
|---|---|---|---|---|---|---|
| Qui parle des ilotes? | ✓ | | | | | |
| Qui craint une réaction des grandes puissances? | | | | | | |
| Qui allume son cigare le premier? | | | | | | |
| Qui promet d'intervenir en faveur de Hans? | | | | | | |
| Qui doit être saoul? | | | | | | |
| Qui meurt de peur? | | | | | | |
| Qui prend un œuf? | | | | | | |
| Qui est un des meilleurs spécialistes de la question? | | | | | | |
| Qui est étonné de l'attitude du Comte à son égard? | | | | | | |
| Qui joue le jeu en exagérant? | | | | | | |
| Qui déclenche la bagarre? | | | | | | |
| Qui a fait deux guerres? | | | | | | |
| Qui a été décoré? | | | | | | |
| Qui s'interpose en premier entre le Comte et la Comtesse? | | | | | | |
| Qui s'interpose entre le Comte et Gertrud? | | | | | | |
| Qui intervient entre le Comte et Ludwig? | | | | | | |
| Qui est affolé? | | | | | | |
| Qui congédie Albert? | | | | | | |

**b** Cochez la réponse qui convient:

1. Qu'est-ce que c'est des ilotes?
   — un peuple libre
   — un peuple asservi
2. Pourquoi les Spartiates les enivraient-ils?
   — pour que leurs enfants prennent le vice en exemple
   — pour que leurs enfants prennent le vice en horreur
3. Qui offre un cigare à qui?
   — Albert au Comte
   — le Comte à Albert
4. Qui s'assoie sur le fauteuil le premier?
   — Albert
   — le Comte
   — ils s'assoient ensemble
5. Que dit Gertrud à Albert à propos de son déshabillé?
   — il est un peu parisien mais tellement extravagant
   — il est un peu extravagant mais tellement parisien
6. Comment est la femme de chambre qu'a choisie Albert?
   — laide
   — jolie
7. Comment tante Mina prend-elle son thé?
   — au lait
   — au citron
   — nature
8. Comment Albert appelle-t-il tante Mina quand il lui parle tout bas?
   — Mlle la Baronnesse
   — ma cocotte
9. Comment le Camarade Président trouve-t-il, en général, les Valençay?
   — assez bons
   — pas assez distingués
10. Qui n'est pas assez distinguée d'après le Camarade Président?
    — la Baronnesse
    — la Comtesse
11. Que fait faire le Comte à Albert?
    — ouvrir la fenêtre
    — fermer la porte
12. Que lui fait-il faire d'autre?
    — ramasser sa cuillère
    — ramasser son mouchoir

13. Comment, d'après le Comte, les révolutionnaires voient-ils les bourgeois?
   — tels qu'ils sont
   — tels qu'ils les imaginaient
14. Que s'était-il passé pendant le voyage à Paris de la Comtesse?
   — le Comte voulait faire coucher sa maîtresse à la maison
   — le Comte avait fait coucher sa maîtresse à la maison
15. De quoi la Comtesse qualifie-t-elle le Comte?
   — de sangsue
   — de vipère lubrique
16. Que crie Gertrud à son père?
   — c'est vrai
   — c'est indigne
17. Que déclare le Camarade intellectuel à propos des Valençay?
   — ils feront l'affaire
   — il faut les liquider
18. Que conclue le Camarade président?
   — je pensais que les bourgeois étaient moins distingués
   — je pensais que les bourgeois étaient plus distingués

**Structures**

**A** *Le subjonctif*

**a** Complétez les phrases suivantes, en relevant tous les subjonctifs que vous entendrez:
   1. Afin que les enfants spartiates …
   2. Il fallait bien que …
   3. Allons! Il faut que demain …
   4. Comment se fait-il que ce café …
   5. Quand je pense que vous …
   6. Il a fallu que …
   7. Comment voulez-vous que …
   8. Je vous prie de veiller dorénavant à ce que …
   9. Je tiens à ce que le peuple …
   10. C'est la seule qui …

**b** Faites des phrases, en réutilisant les mêmes conjonctions, verbes et expressions ci-dessus.

**B** *L'usage de* 'en' *(Pronom)*

**a** Repassez le début de cette 3ème partie (jusqu'au moment où le commissaire intellectuel appelle Albert pour lui parler de la Comtesse).

**b** Relevez les phrases où le pronom *en* est utilisé en complétant les phrases suivantes:
   1. LE COMTE Il y a quinze jours que …

2. ALBERT Mais le comité a dit que, pendant les représentations, ils...
3. LE COMTE Permettez-moi de vous...
4. LE COMTE Bien sûr, Albert. Remarquez qu'il y...
5. GERTRUD (*à Albert*) Non. Mais vous...
6. ALBERT Ça ira. A vrai dire, c'est plutôt un maquillage du soir. Vous...
7. ALBERT (*à Hans*) J'aurais dû vous... une laide, après ce que vous... baver (...). Mais enfin, ...
8. HANS Mais j'ai faim aujourd'hui.
   ALBERT M'...! La représentation doit être réussie.
9. TANTE MINA J'ai peur. Je meurs de peur. J'ai jamais pu parler en public.
   ALBERT T' ..., ma grosse cocotte.
10. LE COMMISSAIRE INTELLECTUEL Eh bien alors, je vais ... au Camarade sous-commissaire adjoint qui est chargé du service.

c Expliquez l'emploi du pronom *en* dans les phrases relevées, en indiquant à laquelle des 2 catégories ci-dessous le pronom appartient:
   1. *En* remplace une chose/un endroit déjà mentionné.
   2. *En* est utilisé parce qu'il se rapporte à une chose/une action déjà mentionnée. Le verbe de la phrase se construit avec *de*.

d Refaites les phrases relevées ci-dessus, en remplaçant *en* par la chose/l'endroit/l'action auxquels il se réfère.

e Finalement, faites une liste des expressions courantes que vous connaissez où *en* est utilisé. Complétez votre liste avec d'autres expressions relevées au cours de *La Belle Vie*.

## Travail sur les mots

### A *Les registres de la langue*

Cette 3ème partie également illustre très bien les différents registres de la langue. Si vous voulez vous rafraîchir la mémoire en ce qui concerne les registres, veuillez vous reporter à l'introduction (p. 100).

Albert, dans une même réplique, passe du français soutenu au français courant et au français familier. Parfois il passe du français soutenu au français familier directement. Par exemple, alors qu'il a toujours, dans le passé, dit *vous* à la Baronnesse Mina, Albert soudain pendant la représentation change de registre et lui dit *tu*:

«T'en fais pas, ma grosse cocotte!
et un peu plus loin, il dit familièrement:
«un peu plus haut, ma cocotte, et ça ira.»

a Expliquez pourquoi Albert change de registre.

b Finalement, relevez d'autres répliques dans lesquelles Albert change de registre.

**B** *Vocabulaire*

⬚ **a** Relevez les phrases du texte où ces mots ou expressions sont utilisés:

1. à votre avis
2. dorénavant
3. dans le temps
4. les grandes puissances
5. une moyenne
6. avoir l'habitude de
7. faire semblant
8. affirmer
9. faire confiance à
10. avoir l'air de
11. j'ai horreur de
12. tromper
13. quant à
14. confier

**b** Faites des phrases, en utilisant ces mêmes mots ou expressions.

**c** Reportez-vous tout d'abord à la Section 2: B (*Vocabulaire*), C (*Phrases utiles*) et D (*Français familier*) (p. 126, 127), puis complétez les phrases suivantes:

1. Tante Mina a ... avant la première représentation.
2. Albert veut que Hans apparaisse ... devant le peuple.
3. Pour le Camarade président, la Comtesse n'a pas ...
4. D'après Albert, la Comtesse était ... de l'aristocratie de son temps.
5. Ludwig — l'officier de la famille — a pris l'habitude de ... les talons.
6. Albert aimerait que le Comte se souvienne de ce qu'il aura fait pour eux au cas où il y aurait une réaction des ...
7. D'après le Comte, il n'y a pas d'attitude à avoir car cela est dorénavant ...
8. Si le Comte joue son rôle de comte en exagérant, c'est pour que le peuple ...
9. Le Comte est excédé des reproches de la Comtesse à propos de la petite Zizi du Paradise, alors il décide de ...
10. Albert, tout heureux de la bagarre entre les Valençay, fait remarquer au comité qu' ... de les mettre en train.

⬚ **Explications**

1. Le Comte, au début de cette 3ème partie, dit:
   «Nous sommes des ilotes, nous jouerons les ilotes.»
   Expliquez:
   — qui étaient «les ilotes».
   — en quoi cette phrase s'applique à la situation des Valençay.
2. Relevez ce qu'Albert répond doucement au Comte qui lui dit que:
   «toutes les choses se tassent, même les révolutions».
   Puis expliquez sa réponse.
3. Repassez la scène du cigare et celle du fauteuil, puis expliquez la réaction d'Albert. Qu'en pensez-vous?
4. Repassez la scène entre Albert et la Baronnesse Mina, puis expliquez la phrase:
   «T'en fais pas, ma grosse cocotte.»

5. Repassez la scène du «petit doigt», puis relevez l'expression qu'utilise Albert pour dire que la Comtesse est vraiment une des plus distinguées de son temps. Expliquez cette expression, puis utilisez-la dans une autre phrase.

6. En disant «Je vide mon sac», le Comte déclenche la bagarre. Expliquez cette phrase. Que pensez-vous du Comte dans cette scène?

7. Dans la scène de la bagarre, le Comte, énervé, s'écrie:
«C'est indigne, mais c'est vrai!»
Que fait-il alors pour souligner ce qu'il vient de dire et exprimer sa colère?

8. Comment la foule réagit-elle à la bagarre entre les Valençay?

9. La bagarre est finie, le Comité, satisfait, quitte la salle. Que fait alors Albert? Pourquoi?

## Exploitations

**A** *A vous de jouer!*

**a** Rejouez la scène du «petit doigt», en vous aidant des indications ci-dessous:

| Le Commissaire | Albert | Le Camarade président |
|---|---|---|
| **1** la vieille pas assez distinguée | **2** la Comtesse?<br>— le gratin du gratin | |
| | | **3** les bourgeoises:<br>lever le petit doigt |
| | **4** les petites bourgeoises, pas l'aristocratie | |
| | | **5** c'est historique? |
| | **6** … | |
| **7** spécialiste de la question | | **8** Alors, si c'est … |

**b** Repassez la scène entre Albert et le Comte — scène pendant laquelle le Comte fait courir un Albert étonné de ci, de là.

Puis rejouez cette scène, en improvisant. Aidez-vous des indications ci-dessous:

*Le Comte lui demande d'ouvrir la fenêtre, puis de la fermer, puis de la rouvrir. Le Comte lui demande de lui donner une autre cuillère, encore du café, etc.*

Voici le début de la scène:

**LE COMTE** Albert!

**ALBERT** Monsieur le Comte?

**LE COMTE** Ouvrez la fenêtre, mon ami, j'ai un peu chaud.

**ALBERT** Bien, monsieur le Comte.

**c** Repassez la scène de la bagarre. Prenez des notes, en vous aidant des questions ci-dessous:

1. Albert incite la Comtesse et lui rappelle la grande scène du mois de janvier dernier. Que lui dit-il?
2. La Comtesse interroge le Comte. Que lui dit-elle?
3. Le Comte s'énerve. Que dit-il?
4. Ludwig veut intervenir. Comment s'y prend-il?
5. Que lui répond le Comte?
6. Hans veut s'interposer. Que réplique le Comte?

**d** Finalement, rejouez la scène en français familier/courant. Transposez la scène à l'époque moderne dans une famille bourgeoise/petite bourgeoise. Pour vous aider, voici une liste d'expressions utiles exprimant l'impatience, la colère, l'énervement:

| **Français familier** | **Français courant** |
|---|---|
| (Ah) zut (alors)! | c'est insupportable! |
| j'en ai marre! | c'est intolérable! |
| j'en ai ras-le-bol! | c'est inadmissible! |
| j'en ai assez! | c'est révoltant! |

**B** *Donnez votre avis*

**a** Que pensez-vous de tante Mina?

**b** Que pensez-vous du Comte dans cette partie?

**c** Que pensez-vous d'Albert dans la scène du cigare et celle du fauteuil?

**C** *Récapitulation*

Reportez-vous aux mots clés/phrases clés de cette 3ème partie. Puis faites un résumé oral/écrit de ce qui se passe dans:

**a** la scène entre Albert et le Comte,

**b** la représentation,

**c** la bagarre.

## Section 3

**a** A propos des rapports entre le Comte et Albert, Jacky Simon déclare:
«La situation entre le Comte et Albert a changé. Et ça se voit dans leur comportement.»
Qu'en pense Jacques François? Etes-vous d'accord avec ce qu'il dit et notamment que:
«à cause de cette révolution, Albert est devenu le patron du Comte»?

**b** A propos du personnage d'Albert, Jacky Simon dit:
«Albert, en principe, est un révolutionnaire.»
Et il ajoute qu'il trouve au personnage:
«une sorte d'ambiguïté».
Maïa Simon, elle, le trouve:
«sceptique»
Et elle ajoute à propos d'Albert et du Comte:
«Ils sont sceptiques tous les deux.»
Expliquez ces opinions. Puis donnez votre avis.

**c** Anouilh utilise le procédé connu du «théâtre dans le théâtre». Que pensez-vous de l'effet dramatique d'un tel procédé?
Les points suivants vous seront utiles à considérer:
1. Les Valençay jouent-ils un rôle?
2. Pour quels motifs les Valençay ont-ils accepté de jouer «leur vie»?
3. A quel moment «jouer la comédie», devient-il un fait réel?
4. Qu'est-ce qu'ils en retirent? Et nous, qu'apprenons-nous?

# La Belle Vie: 4ème partie

## Section 1 (présentée par Maïa Simon — Gertrud)

**A** *Mots clés/phrases clés*

je profite d'être seule avec mon père
la scène de l'autre jour m'a été très pénible
si j'ai pris des amants, c'est que je n'ai jamais aimé Ludwig
être une vraie femme
la partie de cartes
tourner autour de
un numéro de strip-tease
elle a le grand chelem

**B** *Idées principales*

Prenez des notes. Aidez-vous des questions suivantes:

1. De qui parle Gertrud avec son père?
2. Pourquoi veut-elle lui parler?
3. Que dit-elle à propos des aventures de son mari?
4. Pourquoi a-t-elle pris des amants tout de suite après le mariage?
5. Pourquoi la Comtesse est-elle si inquiète au sujet de Hans?
6. Que dit Ludwig à propos de la femme de chambre?
7. Pourquoi tante Mina se fâche-t-elle?

*Section 2*

## Compréhension

**A** *Mots clés/phrases clés*
je veux que mon salon brille
on exploite le peuple
ils avaient justement besoin de joueurs de bridge
cette brusque explosion de vérité
une jeune fille mal élevée
je te demande pardon, mon petit
vous commencez à m'agacer
dire ce que je pense devant témoins
je suis très inquiète au sujet de Hans
j'en ai assez d'être traitée en enfant

**B** *Vocabulaire*

| | |
|---|---|
| la séance | la représentation |
| une gamelle (de soupe) | (ici) une portion (de soupe) |
| se syndiquer | appartenir à un syndicat |
| *constituer | (ici) former |
| un frotteur | une personne qui frotte/nettoie (ici: le parquet) |
| supprimer | détruire |
| *les rafraîchissements (m.) | les boissons fraîches |
| *être gêné | ne pas être à son aise |
| *pénible | douloureux |
| à demi | à moitié |
| *mal élevé(e) | mal éduqué(e)/qui n'a pas reçu une bonne éducation |
| un couvent | *a convent* |
| *une partie (de cartes) | (ici) *a game* |
| *réagir | manifester un changement d'attitude/de comportement |
| cocasse | drôle |
| un domaine foncier | *a landed property* |
| une cabotine | *a ham (theatre)* |
| un mufle | (juron) individu grossier/goujat |
| *un témoin | *a witness* |
| *être privé de/être sevré de | ne pas avoir |
| en habit | porter un costume de gala/de soirée |
| le mort (au bridge) | celui qui ne joue pas pendant une partie |
| s'amouracher | tomber amoureux de quelqu'un |
| *mignon(ne) | joli(e) |

**C** *Phrases utiles*

je n'ai pas le don
avoir de la chance
c'est dommage (*it is a pity*)
servir de caution (*to serve as a guarantee*)
pour une fois
je vous en prie
voilà vingt ans que (je vous entends vous disputer)
au train où (ils vont)
ce n'est pas pour demain
il tourne autour de (cette femme de chambre)
faire un numéro

finir *par* faire qch.
tenir *à* qqn./qch.
être forcé *de* faire qch.
parler *sur* un ton
s'occuper *de* qqn./qch.
se donner la peine *de* faire qch.
apprendre *à* qqn. *à* faire qch.
avoir une idée *de* (faire) qch.
risquer *de* faire qch.
être heureux *de* faire qch.
être privé *de* qch./être sevré *de* qch.
passer le temps *à* faire qch.
être inquiet *de* faire qch.
en avoir assez *de* faire qch.

**D** *Français familier*

se casser la gueule sur (*to break one's neck*)
toi, c'est lamentable
histoire de (mettre une de ses robes)

**E** *Avez-vous bien compris?*

Cochez la réponse qui convient:

1. Que faisait le vieillard-frotteur de parquet avant la Révolution?
   — il était PDG
   — il était dans les sulfates
2. De quel coin de parquet Albert est-il satisfait?
   — de celui de l'Homme d'affaires
   — de celui du PDG
3. Que dit le Comte en reconnaissant l'Homme d'affaires?
   — Viens!
   — Tiens!

4. Que dit l'Homme d'affaires au Comte?
   — ils m'ont mis frotteur
   — ils m'ont pris joueur
5. Que dit le Comte à l'Homme d'affaires?
   — ils avaient justement besoin de frotteurs de parquet
   — ils avaient justement besoin de joueurs de bridge
6. Que dit le Comte à propos de la justice?
   — je ne l'ai jamais vue
   — je n'y ai jamais cru
7. Que dit Gertrud à propos de la foule?
   — qu'elle en était gênée au début mais plus maintenant
   — qu'elle en était gênée et qu'elle l'est toujours
8. Que dit le Comte à propos du mariage de Gertrud?
   — ta mère t'y a forcée
   — personne ne t'y a forcée
9. Pourquoi Gertrud a-t-elle épousé Ludwig?
   — parce qu'elle l'aimait
   — parce que ses amies l'aimaient
10. Quelle est la vérité d'après Gertrud?
    — elle était une jeune fille bien élevée
    — elle était une jeune fille mal élevée
11. Que dit Gertrud — en conclusion — à propos de ses amants?
    — enfin maintenant j'en aurai plus
    — enfin maintenant je n'en aurai plus
12. Que dit le Comte à la Comtesse à propos de la foule?
    — ils n'écoutent pas beaucoup mais ils réagissent bien
    — ils ne réagissent pas beaucoup mais ils écoutent bien
13. Que crie la Comtesse au Comte à propos du fait de se disputer en public?
    — c'est un plaisir dont j'ai été sevrée
    — c'est un plaisir dont j'ai été privée
14. Que dit tante Mina au Comte et à la Comtesse?
    — voilà vingt ans que j'attends votre dispute
    — voilà vingt ans que je vous entends vous disputer
15. Que dit le Comte à propos de la conduite de Hans?
    — c'est de son âge
    — c'est de sa condition
16. Que dit Ludwig à propos de la femme de chambre?
    — elle dansait nue dans un cabaret
    — elle faisait un numéro de strip-tease étonnant
17. Quel âge a tante Mina?
    — seize ans
    — soixante ans
18. Que dit tante Mina en conclusion?
    — vous me devez mille haricots
    — je vous dois mille haricots

## ⬭ **Structures**

Complétez les phrases suivantes avec le mot approprié:

**a** SCENE ENTRE ALBERT ET LES FROTTEURS DE PARQUET

**ALBERT** Je veux qu'on s' ... casse la gueule sur mon parquet.

**ALBERT** Tu voulais qu' ... brille, ton bureau?

**L'HOMME D'AFFAIRES** Mais attendez ... ils veuillent ... vendre aux Américains leurs sulfates!

**b** SCENE ENTRE LE COMTE ET GERTRUD

**GERTRUD** Et je crains bien que ... ne soit pas les amants ... je prends, toujours sur le même modèle, ... risquent de me l'apprendre un jour.

**LE COMTE** Pourquoi ... as-tu épousé? Personne ne t'y ... obligée, ta mère était même ... ce mariage, il était à demi ....

**c** SCENE ENTRE LE COMTE ET LA COMTESSE

**LE COMTE** Il a fallu une révolution ... que je m'aperçoive que j'étais marié ... une cabotine.

**LA COMTESSE** C'est la première fois ... je peux dire enfin ... que je pense devant témoins. C'est un plaisir ... j'ai été privée toute ma vie.

**LE COMTE** C'est un plaisir dont j'ai ... sevré, mais vous êtes la mère de ... enfants. C'est pourquoi je ne dirai jamais à personne ce ... je pense de vous.

**d** LA PARTIE DE CARTES: ON PARLE DE LA FEMME DE CHAMBRE

**LUDWIG** J'aurais été beaucoup ... inquiet, dans la promiscuité de la prison de ... voir s'amouracher d'une petite bourgeoise ... il aurait voulu épouser.

**TANTE MINA** Moi, je ... trouve très mignonne cette petite ... Albert nous a procurée.

**LUDWIG** Figurez-vous maintenant que vous ... le rappelez, que je crois bien l'avoir ... au Paradise avant la Révolution. Elle ... faisait un numéro de strip-tease étonnant.

**TANTE MINA** Qu'est-ce que ... est qu'un numéro de strip-tease?

**LUDWIG** Rien ... vous concerne, tante Mina.

**TANTE MINA** On a émancipé les femmes et j' ... ai assez d'être traitée ... enfant. Après tout je viens d'avoir soixante ans, et je veux qu' ... me dise ... que c'est qu'un numéro de strip-tease ou je ... joue plus. Voilà!

**TANTE MINA** Je ne me suis jamais intéressée ... polissonneries, mais je ... qu'on me dise ce que c' ... qu'un numéro ... strip-tease.

## Travail sur les mots

**A** *Actes de parole (communications)*

**a** Relevez dans le texte visuel des phrases exprimant les sentiments ci-dessous:

1. se plaindre (pour s'excuser) (l'Homme d'affaires)
2. critiquer l'action des autres (Albert)
3. admirer (le Comte)
4. s'excuser (le Comte)
5. exprimer son irritation (le Comte, tante Mina, la Comtesse)
6. exprimer son inquiétude (la Comtesse, Ludwig)

**b** Puis trouvez 2 ou 3 synonymes pour chacune des expressions ci-dessus.

**c** Finalement, utilisez ces expressions en contexte. Imaginez une situation où vous pourrez vous en servir.

**B** *Vocabulaire*

**a** Relevez dans le texte le synonyme des mots ou expressions ci-dessous:

1. appartenir à un syndicat
2. douloureux
3. détruire
4. à moitié
5. mal éduqué(e)
6. drôle
7. tomber amoureux (de qqn.)
8. joli(e)
9. ne pas être à son aise
10. la représentation

**b** Donnez le contraire des expressions ou mots suivants:

1. c'est lamentable
2. se souvenir de
3. espérer
4. la justice
5. se marier
6. la vérité
7. tromper (qqn.)
8. parler
9. travailler
10. c'est cocasse

**c** Donnez le substantif des verbes suivants:

1. commencer
2. briller
3. exploiter
4. rencontrer
5. croire
6. constituer
7. attendre
8. supprimer
9. servir
10. donner

**d** Donner le verbe des substantifs suivants:

1. rafraîchissement
2. acte
3. explosion
4. modèle
5. distribution
6. révolution
7. collection
8. mort
9. distinction
10. numéro

○ **Explications**

**a** SCENE ENTRE ALBERT ET LES FROTTEURS DE PARQUET

1. Repassez la scène.
2. Relevez la phrase dans laquelle Albert explique aux frotteurs comment il veut l'état de son parquet.
   Puis expliquez cette phrase en tenant compte du registre de langue utilisé par Albert.
3. A la fin de la scène entre Albert et l'Homme d'affaires-frotteur de parquet, Albert, vexé, répond à l'Homme d'affaires:
   «Alors, mets-en un bon coup si tu tiens à ta gamelle de soupe ce soir.»
   Que fait alors l'Homme d'affaires? Expliquez son geste.
4. Relevez la phrase dans laquelle, une fois Albert sorti, l'Homme d'affaires-frotteur de parquet exprime sa révolte. Puis expliquez-la.

**b** SCENE ENTRE LE COMTE ET GERTRUD

1. Repassez la scène.
2. Relevez les phrases dans lesquelles le Comte change de registre (il passe de *vous* à *tu*). Puis expliquez l'importance de ce changement de registre.
3. Comment la foule réagit-elle à la confession que Gertrud fait à son père?

**c** LA PARTIE DE CARTES

1. Repassez la scène.
2. «Ils sont bons?» demande la Comtesse au Comte à propos de la foule. «Ils ne réagissent pas beaucoup, mais ils écoutent bien,» répond le Comte.
   Que fait alors la Comtesse? Qu'en pensez-vous?
3. Tante Mina répond au Comte qu'elle tricote des chaussettes, révolution ou pas. Comment la foule réagit-elle à ce que dit tante Mina?
4. Relevez les phrases qui décrivent le mieux le personnage de tante Mina.
5. Relevez les phrases qui expriment le mieux la façon dont les Valençay traitent tante Mina.
6. Relevez les phrases dans lesquelles les Valençay parlent de la femme de chambre.
   Ils le font en sa présence. Qu'en pensez-vous?

## Exploitations

**A** *A vous de jouer!*

**a** SCENE ENTRE GERTRUD ET SON PERE

○ 1. Repassez la scène.
○ 2. Prenez des notes sur ce que Gertrud dit à son père à propos de Ludwig.

3. Jouez le rôle de Gertrud.
4. Imaginez une scène entre un père et sa fille transposée à l'époque moderne et jouez-la.

**b** LA PARTIE DE CARTES

☐ 1. Repassez la scène.
☐ 2. Prenez des notes sur ce que les Valençay disent à propos de Hans et de la femme de chambre.
3. Imaginez que Hans ait tout entendu. Comment réagirait-il? Jouez son rôle.
4. Imaginez une scène entre un mari et sa femme à propos du futur époux de leur fille. La femme l'aime bien, mais le père ne le trouve pas assez bien pour sa fille. Jouez la scène en tenant compte des caractéristiques suivantes:
   — son caractère/tempérament
   — son âge
   — son éducation
   — son travail/sa situation financière
   — sa famille
   — ses projets d'avenir

**B** *Donnez votre avis*

**a** Que pensez-vous de Gertrud dans cette 4ème partie? Comparez-la à la Gertrud des autres parties.

**b** Que pensez-vous du personnage de tante Mina? (Reportez-vous à la partie de cartes.)

**C** *Récapitulation*

Reportez-vous aux mots clés/phrases clés de cette 4ème partie. Puis faites un résumé oral/écrit de ce qui se passe dans:

**a** la scène entre Albert et les frotteurs de parquet,

**b** la scène entre Gertrud et son père,

**c** la partie de cartes.

*Section 3*

**a** A propos de Gertrud, Maïa Simon dit:
«C'est la première fois dans sa vie qu'elle a un véritable rapport humain avec son père.»
Etes-vous d'accord? Pourquoi?

**b** A propos des rapports entre le Comte et la Comtesse, Jacky Simon dit:
«Un rapport humain s'établit aussi entre le Comte et la Comtesse.»
Et un peu plus tard il ajoute:
«Il (le Comte) n'est pas particulièrement sympathique vis à vis de la Comtesse.»
Que lui répond Jacques François? Partagez-vous son opinion?

**c** Comparez la représentation des Valençay dans cette 4ème partie avec celle qu'ils ont donnée devant le Comité révolutionnaire.
Quelles conclusions en tirez-vous?

# La Belle Vie: 5ème partie

## *Section 1 (présentée par Jean-Pierre Bouvier — Hans)*

**A** *Mots clés/phrases clés*
je suis amoureux
pas moyen d'être seuls une minute
sans la Révolution, on n'aurait jamais pu s'aimer
aujourd'hui on est libres de s'aimer
sa révolution, elle n'est pas encore au point
il va l'achever
pour cela, il va nous prêter sa chambre
on se mettra en ménage, elle et moi
la Révolution, elle sera vraiment faite!
la Révolution, elle a changé bien d'autres choses

**B** *Idées principales*
Prenez des notes en vous aidant des questions ci-dessous:
1. De qui Hans est-il amoureux?
2. Est-ce réciproque?
3. De quoi Hans se plaint-il?
4. Pourquoi dit-il que «sans la Révolution, on n'aurait jamais pu s'aimer»?
5. Comment Albert réagit-il à la nouvelle?
6. Que lui demande donc Hans?
7. Quand, d'après Hans, la Révolution sera-t-elle vraiment faite?
8. Pourquoi Hans dit-il que «la Révolution, elle a changé bien d'autres choses»?

*Section 2*

## Compréhension

**A** *Mots clés/phrases clés*
C'est la première fois que je suis amoureux
tu vas attendre un peu
sans la Révolution on n'aurait jamais pu s'aimer
vous allez nous prêter votre chambre
la Révolution sera vraiment faite
rien n'est simple
je commence à en avoir assez
je finis par être moins sincère
une dérision
avoir à lutter ensemble
l'occasion de nous rencontrer
chacun avait son rôle
travailler pour la Révolution

**B** *Vocabulaire*

| | |
|---|---|
| *ramener | raccompagner |
| *surveiller | observer attentivement les faits et gestes d'une personne |
| *une baraque (*fam.*) | habitation peu confortable |
| un noceur | une personne qui fait la noce, qui mène une vie de débauche |
| petit sagouin! | insulte |
| se défiler (*fam.*) | se sauver |
| une mousmé (*fam.*) | une fille |
| *exprès | *on purpose* |
| *être/ne pas être au point | être/ne pas être fini, terminé, achevé |
| *achever | finir |
| un sorbet | une glace à l'eau |
| *autrefois | avant |
| *exécrable | odieux |
| bougon | une personne qui ronchonne, marmonne (*grumbles*) |
| abattage | brio, entrain |
| une dérision | moquerie railleuse |
| défigurer | (ici) changer |
| *maladroit | une personne qui n'est pas adroite |
| *lutter | se battre |
| *un élevage | production et entretien d'animaux domestiques |

| | |
|---|---|
| s'en douter | (ici) ne pas savoir |
| au fond | en fin de compte |
| *un gosse (*fam.*) | un enfant |
| râleur | quelqu'un qui proteste à tout propos |
| *s'embêter (*fam.*) | s'ennuyer |
| *le boulot (*fam.*) | le travail |
| *être dispensé(e) de | ne pas avoir à faire qch. |

## C *Phrases utiles*

qu'est-ce que tu veux qu'on fasse
ça me rend fou
ça ne te fera pas de mal
tu en sais plus long que moi
ça n'a aucun rapport
j'y compte bien
ils ont beau dire
ce qui nous a manqué ... c'est

ce n'est plus la peine *de* faire qch.
il n'y a pas moyen *de* faire qch.
faire le plaisir *à* qqn. *de* faire qch.
avoir *à* faire qch.
permettre *à* qqn. *de* faire qch.
en arriver *à* faire qch.
l'occasion *de* faire qch.

## D *Français familier*

c'est pas mes oignons = ça ne me regarde pas

## E *Avez-vous bien compris?*

Cochez la réponse qui convient.

SCENE ENTRE HANS ET LA FEMME DE CHAMBRE

1. Que dit la femme de chambre à Hans quand il l'enlace?
   — voyons, monsieur Hans, si Madame nous voyait
   — voyons, monsieur Hans, si Madame vous voyait
2. Que lui répond Hans?
   — mais c'est plus la peine de jouer
   — ça vaut la peine de jouer
3. Que fait alors la femme de chambre?
   — elle le repousse
   — elle lui rend son baiser

4. Pourquoi Hans est-il fâché?
   — parce qu'il n'y a pas moyen qu'ils soient seuls une minute
   — parce qu'il a trouvé un moyen pour qu'ils soient seuls une minute
5. Que lui répond la femme de chambre?
   — ne te plains pas trop
   — tu te plains trop
6. Pourquoi, d'après la femme de chambre, les choses auraient-elles été différentes avant la Révolution?
   — parce que ça aurait été trop facile
   — parce que ça aurait été si facile
7. Qu'en pense Hans?
   — ça n'aurait pas été merveilleux
   — ça aurait été merveilleux
8. Que conclue la femme de chambre à propos de leur amour?
   — c'est parce qu'on peut, qu'on va peut être s'aimer
   — c'est parce qu'on ne peut pas, qu'on va peut être s'aimer

SCENE ENTRE HANS ET ALBERT

9. Que dit Albert à Hans quand il le surprend en compagnie de la femme de chambre?
   — figure-toi que c'est pour ça que la nation te nourrit
   — tu te figures que c'est pour ça que la nation te nourrit
10. Que crie Albert, indigné, à Hans qui refuse de boire?
    — c'est de la contre-révolution!
    — c'est ça la Révolution!
11. Que dit Albert à Hans quand ce dernier lui dit «nous nous aimons»?
    — t'es fou
    — m'en fous
12. D'après Hans pourquoi a-t-on fait la Révolution?
    — pour être plus poli
    — pour ne plus avoir à être poli
13. D'après Hans, pourquoi également a-t-on fait la Révolution?
    — pour être libres et s'aimer comme on veut
    — pour n'être que libres de s'aimer quand on veut
14. Qui va achever la Révolution?
    — Hans
    — Albert
15. Que demande Hans à Albert?
    — vous allez nous prêter votre chambre
    — vous allez nous donner votre chambre
16. Finalement que dit Hans à Albert à propos de ses futurs plans?
    — on se mettra en ménage dans une petite chambre
    — on fera le ménage dans une petite chambre

17. Que dit la Comtesse à propos de sa vie?
    — c'est une division
    — c'est une dérision
18. Que dit la Comtesse à propos du mariage?
    — c'est une chose si facile
    — c'est une chose difficile
19. Que dit-elle au Comte à propos d'amour?
    — qu'elle n'a pu l'aimer
    — qu'elle a dû l'aimer
20. Et que lui répond le Comte?
    — qu'il n'a pu l'aimer
    — qu'il a dû l'aimer
21. Que propose Ludwig à Albert?
    — de jouer aux cartes
    — de s'occuper de chevaux
22. Que dit le Comte à Albert à propos de la seconde séance?
    — c'est dur, hein, la seconde séance
    — une aurait suffi
23. Pourquoi Albert a-t-il choisi de reprendre son métier après la Révolution?
    — parce qu'il n'aurait pas su faire autre chose
    — parce que sans personne à servir il se serait embêté
24. Pourquoi Hans a-t-il été dispensé de la second séance?
    — parce qu'il travaille contre la Révolution
    — parce qu'il travaille pour la Révolution

## Structures

**A** *L'usage de* 'on'

**a** Relevez toutes les phrases où *on* est utilisé
    1. dans la scène entre Hans et la femme de chambre
    2. dans la scène entre Hans et Albert
    3. dans la scène finale

**b** Puis remplacez *on* par un autre pronom dans les phrases relevées.

**c** Refaites les phrases suivantes en utilisant *on*:
    1. Je suis obligée de manger des sorbets. Je commence à en avoir assez!
    2. Il a été promu sous-commissaire adjoint.
    3. Comme tu es belle ce soir!
    4. A recommencer ces disputes tous les soirs, je finis par être moins sincère.
    5. Ce qui nous a manqué, c'est d'avoir à lutter ensemble pour quelque chose.
    6. Hans a été dispensé de la seconde séance.

⬜ **B** *La Négation*

En français parlé, il est très courant de laisser tomber la première partie
de la négation: *ne*

**a** Repassez la scène entre Hans et la femme de chambre.
1. Relevez les phrases où on a laissé tomber la première partie de la
négation.
2. Puis refaites ces phrases en mettant *ne* à sa place.

**b** Repassez la scène entre Hans et Albert.
1. Relevez les phrases où on a laissé tomber la première partie de la
négation.
2. Puis refaites ces phrases en mettant *ne* à sa place.

**C** *Le Conditionnel passé* (Ce qui aurait pu arriver!)

⬜ **a** Complétez les phrases suivantes en relevant les verbes au conditionnel
passé que vous entendrez:
1. **LA FEMME DE CHAMBRE** Quelquefois je pense le soir dans ma baraque:
'c'est trop bête, ça … si facile au Paradise avant la Révolution!'
Eh bien, ça … trop facile.
**HANS** Comment?
**LA FEMME DE CHAMBRE** Tu m' … faire mon numéro, tu m' … à ta table,
on … ensemble le soir.
**HANS** Oh! Ça … merveilleux!
**LA FEMME DE CHAMBRE** Justement, non. Ça … merveilleux.
**HANS** Tous les deux dans un lit, ça … merveilleux?
**LA FEMME DE CHAMBRE** Non. On … . Un petit noceur et une petite
putain qui … ce qu'ils faisaient d'habitude.
2. **HANS** Justement, mon petit Albert. Sans la Révolution on … s'aimer,
tous les deux, mon petit Albert. (…)
**HANS** Si! Si! On a fait la Révolution pour être libres et pour permettre
aux gens de s'aimer comme ils voulaient. J' … un petit vicomte,
avant, elle … une petite putain. Moi, j' … de l'argent plein les
poches et elle … d'argent.

**b** Imaginez que les personnages d'Anouilh — au lieu de se pencher sur le
passé et sur ce qui *aurait pu* arriver — se penchent sur l'avenir et sur ce
qui *pourrait* arriver et refaites les dialogues en utilisant soit le conditionnel
présent, soit le futur.

**c** *Regrets/soulagements; espoirs/souhaits*
Exprimez le regret/soulagement ou l'espoir/souhait des personnages ci-
dessous en vous aidant des phrases suivantes:
1. Le Comte pense que si seulement la Comtesse n'avait pas été
absorbée et défigurée par le monde, elle …
2. Si la Comtesse et le Comte avaient eu l'occasion de lutter ensemble
pour quelque chose, ils …

3. Si tante Mina n'était pas obligée de remanger des sorbets, elle les
...

4. Si Ludwig pouvait, il ...
5. Si Hans était resté un petit vicomte, il ...
6. Si Gertrud avait eu une meilleure éducation, elle ...
7. Quant à Albert, si la Révolution échouait, il ...

## Travail sur les mots

**A** *Actes de parole (Communications)*

SE PLAINDRE

**a** *Scène entre Hans et la femme de chambre*
Dans cette scène, Hans se plaint du fait de ne pouvoir faire l'amour avec
elle.
1. Relevez dans cette scène toutes les phrases qui expriment les plaintes de Hans.
2. Redites la même chose en utilisant d'autres phrases. Aidez-vous des
expressions ci-dessous si besoin est:
*je n'en peux plus*
*j'en ai assez/j'en ai marre* (fam.)
*je n'ai pas de chance/je n'ai pas de veine* (fam.)

**b** *Scène finale*
Dans cette scène, tous les personnages (à l'exception du Comte) se
plaignent à tour de rôle.
1. Relevez dans cette scène toutes les phrases qui expriment leurs
plaintes.
2. La Comtesse se plaint en utilisant une tournure de phrase intéressante Elle dit:
«La seule chose qui m'ennuie, c'est de ... (+*infinitif*)»

Refaites les phrases relevées dans (1.) en utilisant cette même
tournure. Vous pouvez varier la phrase en utilisant — au lieu du
verbe *ennuyer* — d'autres verbes exprimant la même chose tels que:
*agacer, irriter, déplaire, fatiguer,* etc.

Aidez-vous des indications ci-dessous si besoin est:
TANTE MINA Elle en a assez de remanger des sorbets à la seconde
séance.
HANS Il n'en peut plus d'attendre pour pouvoir épouser celle qu'il
aime.
GERTRUD Elle n'aime plus tellement changer de robe si souvent.
LUDWIG Il en a marre de jouer aux cartes toute la journée.
ALBERT Il est épuisé de devoir faire la deuxième séance.

DEMANDER A AUTRUI DE FAIRE LUI-MÊME

Dans la scène entre Hans et Albert l'équilibre des forces change. Ce changement s'exprime — entre autres — à travers les phrases utilisées.

☐ **a** *L'Ordre*

Au début de la scène, Albert surprend Hans en compagnie de la femme
de chambre. Il n'est pas content et il *ordonne* à Hans de se préparer pour
la seconde séance.
Relevez les phrases exprimant ces ordres.

☐ **b** *La Suggestion*

Hans ne se laisse pas faire, il réplique et peu à peu l'équilibre des forces
change. Hans va demander à Albert d'achever la Révolution. Mais il
n'ordonne pas, il *suggère*.
Relevez les phrases exprimant ces suggestions.

Improvisation:

1. Imaginez une scène entre parents et enfants. Utilisez des phrases
   exprimant l'ordre. Aidez-vous des expressions ci-dessous si besoin
   est:
   *Je t'ordonne d'(aller au lit)!*
   *Va au lit!*
   *J'exige que* + subjonctif
   *Veux-tu (aller au lit), immédiatement/tout de suite/sur le champ,
   c'est un ordre*
   *Tu ne vas pas au lit?*

2. Imaginez une scène entre ami(e)s. Utilisez des phrases exprimant la
   suggestion. Aidez-vous des expressions ci-dessous si besoin est:
   *J'aimerais (bien) que* + subjonctif
   *Ça t'ennuierait de* + infinitif
   *Tâche de* + infinitif
   *Essaie de* + infinitif
   *Tu (ne) pourrais (pas)* + infinitif
   *Peux-tu ...* + infinitif?/*Pourrais-tu* + infinitif?
   *Sois gentil(le),* + impératif

**B** *Vocabulaire*

**a** Relevez dans le texte visuel les synonymes des mots ou expressions en italique et refaites les phrases données ci-dessous:

SCENE ENTRE HANS ET LA FEMME DE CHAMBRE

HANS Mais, *tu n'as plus besoin de* jouer.

LA FEMME DE CHAMBRE Qu'est-ce qu'*on peut faire*? Ils me *reconduisent* tous les soirs au camp.

HANS Et dire que j'ai une vraie chambre avec un vrai lit et qu'*on ne peut pas* y être seuls une minute.

LA FEMME DE CHAMBRE (…) Ils auraient pu *prendre une autre femme* au camp.

LA FEMME DE CHAMBRE Non. *Nous ne nous en serions pas rendu compte* (…). C'est parce que *c'est impossible,* qu'on va peut être s'aimer vraiment.

SCENE ENTRE HANS ET ALBERT

ALBERT(…) C'est comme ça que *tu te sauves* pour la seconde séance (…) Allez, va leur montrer tout de suite que tu es *saoul*!

ALBERT (…) Je vais te renvoyer à ton camp et tu iras aux *pommes de terre* comme les autres!

ALBERT *Ça m'est égal.* C'est pas mes oignons!

HANS (…) Moi, j'aurais eu *les poches pleines d'argent* et elle aurait rêvé d'argent.

HANS Seulement, elle est pas encore au point la Révolution et c'est vous qui allez la *terminer,* Albert!

HANS (…) Demain elle retournera au camp et on n'a pas grand chose à lui reprocher — dans un mois *on la libérera*. Elle m'attendra et *dès que* vous aurez pu me faire entrer en usine…

HANS Merci, camarade, on pensera à toi!

ALBERT *Je l'espère* bien!

ALBERT Bon Dieu que je suis bête… Mais ils *peuvent toujours parler,* rien n'est simple.

SCENE FINALE

LA COMTESSE Et dire qu'*on doit* se rhabiller pour la *deuxième représentation.*

LA COMTESSE Vous avez été *très médiocre* ce soir (…) *Ils ne vous entendaient pas.*

LE COMTE Vous, vous avez été *excellente*! Non, non, je ne *me moque* pas!

LA COMTESSE La chose qui m'ennuie, c'est de recommencer ces *bagarres* tous les soirs. Je finis par être moins sincère. Vous êtes sûr qu'*il faut le faire,* Albert?

LA COMTESSE Le mariage, *ce n'est pas si facile,* bien sûr…

**LUDWIG** *De toute façon,* moi *j'en ai marre* de passer ma vie à jouer aux cartes.

**ALBERT** Vous *n'avez jamais rien fait d'autre.*

**ALBERT** (au Comte) (...) Quand on a fait quelque chose *tout le temps* ... Et puis *à vrai dire,* ça m'amuse d'*être à votre service* (...). Et puis sans personne à servir, moi, je me serais *ennuyé*. Ah, c'est pas tout ça! *Au travail*! C'est la seconde séance. Allez tous vous *rhabiller*!

**b** Donnez le contraire des mots ou expressions ci-dessous. Aidez-vous d'un dictionnaire si besoin est.

1. vrai(e)
2. être seul(e)
3. toujours
4. derrière
5. se coucher
6. partout
7. connaître/savoir
8. c'est la première fois
9. quelqu'un
10. fou/folle
11. facilement
12. ensemble
13. comme d'habitude
14. saoul
15. exprès
16. débaucher (un ouvrier)
17. permettre
18. être poli(e)
19. être libre
20. être au point

**c** Donnez le substantif des verbes suivants. Aidez-vous d'un dictionnaire si besoin est.

1. connaître
2. permettre
3. débaucher
4. obliger
5. entendre
6. jouer
7. demander
8. finir
9. représenter
10. croire
11. arriver
12. vieillir
13. aimer
14. absorber
15. lutter
16. gagner
17. passer
18. (s')occuper
19. trouver
20. (s')amuser

**d** Donnez le verbe des substantifs suivants. Aidez-vous d'un dictionnaire si besoin est.

1. impression
2. sabotage
3. plaisir
4. rapport
5. plan
6. dispute
7. vie
8. mariage
9. remplaçant
10. élevage

**e** Complétez le tableau ci-dessous selon l'exemple donné:

| Substantif | Verbe | Adjectif |
|---|---|---|
| révolution | révolutionner | révolutionnaire |
| explosion | . . . | . . . |
| . . . | constituer | . . . |
| . . . | . . . | ennuyeux |
| lamentation | . . . | . . . |
| . . . | mourir | . . . |
| . . . | . . . | rafraîchissant |
| syndicat | . . . | . . . |
| . . . | ruiner | . . . |
| . . . | . . . | révoltant |
| énervement | . . . | . . . |
| . . . | représenter | . . . |
| . . . | . . . | changeant |
| imagination | . . . | . . . |
| . . . | coucher | . . . |
| . . . | . . . | haineux |
| exécution | . . . | . . . |
| . . . | dégoûter | . . . |
| . . . | . . . | reconnaissant |
| rire | . . . | . . . |
| . . . | sourire | . . . |
| . . . | . . . | admissible |
| travail | . . . | . . . |
| . . . | éduquer | . . . |
| . . . | . . . | préféré |
| désir | . . . | . . . |
| . . . | oublier | . . . |
| . . . | . . . | constructif |

## Explications

**SCENE ENTRE HANS ET LA FEMME DE CHAMBRE**

1. Que répond Hans à la femme de chambre quand elle lui dit:
   «Voyons, monsieur Hans, si Madame vous voyait!»
   Expliquez la signification de la réponse de Hans. Qu'en pensez-vous?

2. A la fin de cette scène, Hans réplique:
   «Tu en sais peut être plus long que moi.»
   Que lui a dit la femme de chambre pour qu'il réponde ainsi?
   Qu'en pensez-vous?

○ SCENE ENTRE HANS ET ALBERT

1. Que répond Hans à Albert quand ce dernier lui dit:

   «Allez, va leur montrer tout de suite comme tu es rond!»

   Et que réplique Albert indigné? Pourquoi dit-il cela?

   Qu'en pensez-vous?

2. Relevez dans le texte les phrases qui, d'après Hans, expliquent les raisons pour lesquelles on a fait la Révolution.

   Les phrases commencent ainsi: «On a fait la Révolution pour . . .»

   Comment Albert réagit-il à cela? Pourquoi? Partagez-vous l'opinion de Hans?

3. Relevez les phrases qui, d'après Hans, expliquent la façon dont la Révolution va être achevée.

   Comment Albert réagit-il au début? Relevez la phrase qui exprime le mieux sa réaction.

4. Finalement, Albert accepte-t-il ou non la proposition de Hans? Relevez la phrase qui exprime le mieux sa position.

5. Pourquoi Hans dit-il à Albert:

   «Albert! Un vieux révolutionnaire!»

   Expliquez cette phrase. Comment Albert réagit-il? Quelle est la signification de cette phrase et de la réaction d'Albert en ce qui concerne le personnage de ce dernier?


○ SCENE FINALE

*Scène entre le Comte et la Comtesse*

1. Relevez les phrases qui indiquent que, pour une fois, il semble y avoir un rapport, une communication entre le Comte et la Comtesse.

2. Que pensez-vous de cette phrase de la Comtesse:

   «Ce qui nous a manqué, c'est d'avoir à lutter ensemble pour quelque chose.»

   Quelle est la signification de cette phrase en ce qui concerne le personnage de la Comtesse?

*Scène entre Ludwig et Albert*

3. Relevez les phrases qui semblent le mieux indiquer un changement dans l'attitude de Ludwig. Qu'en pensez-vous?

*Scène entre le Comte et Albert*

4. Que répond Albert au Comte quand ce dernier lui dit:

   «A la faveur des événements, vous auriez très bien pu faire autre chose»?

   Que pensez-vous de la réponse d'Albert? Quelle en est la signification en ce qui concerne le personnage d'Albert?

5. Finalement, commentez cette dernière réplique d'Albert:

   «Hans a été dispensé de la seconde séance, en vue d'un intérêt supérieur. Ce soir, Hans est en train de travailler pour la Révolution.»

**Exploitations**

**A** *A vous de jouer!*

**a** Reportez-vous à la scène entre le Comte et la Comtesse — scène où pour la première fois il semble y avoir un rapport, une communication entre eux:

LA COMTESSE Ce qui nous a manqué, c'est d'avoir à lutter ensemble pour quelque chose. Gagner notre vie, par exemple...

LE COMTE Peut être.

*Il y a un silence*

Meublez ce silence en imaginant ce que le Comte et la Comtesse auraient pu se dire s'ils avaient l'un et l'autre complété leurs pensées.

**b** Reportez-vous à la scène entre Ludwig et Gertrud — scène où Ludwig propose une vie nouvelle à Gertrud:

LUDWIG (...) Vous aimeriez ça Gertrud, qu'on nous mette dans un élevage, avec des chevaux?

GERTRUD Peut être.

Imaginez ce que Ludwig aurait pu encore dire s'il avait été plus loquace et ce que Gertrud lui aurait répondu.

**B** *Donnez votre avis*

A travers les dernières images de la pièce, le metteur en scène, Lazare Iglesis, donne une interprétation personnelle des effets de la Révolution sur les Valençay et sur Albert. Quelle est cette interprétation? Regardez attentivement ces dernières images et donnez votre avis sur:

1. le regard entre le Comte et la Comtesse
2. le geste de Gertrud envers Ludwig
3. l'attitude de tante Mina et d'Albert
4. le buste de Voltaire souriant (Reportez-vous à l'interview de Lazare Iglesis à propos du buste — page 95)

**C** *Récapitulation*

Reportez-vous aux mots clés/phrases clés de cette dernière partie, puis faites un résumé oral/écrit de ce qui se passe dans:

**a** la scène entre Hans et la femme de chambre,

**b** la scène entre Hans et Albert,

**c** la scène finale.

☐ *Section 3*

**a** Hans dans cette dernière partie déclare à Albert:
«On a fait la Révolution pour être libres et pour permettre aux gens de s'aimer comme ils voulaient.»
Etes-vous d'accord avec Lazare Iglesis qui, dans son interview, déclare que Hans et la femme de chambre «symbolisent l'espérance d'un monde meilleur» (page 95)?

**b** A propos du personnage d'Albert, Alain Mottet dit:
«Albert est un des personnages principaux, pivot de la pièce. C'est un personnage curieux. Il était larbin chez les Valençay. Il les a trahis. Il continue à les servir pour la comédie mais à la fois il trahit aussi la Révolution (…) C'est un personnage assez épais, assez mystérieux, d'ailleurs.»
Maïa Simon, elle, réplique:
«Il les trahit, mais il les sauve.»
Alain Mottet ajoute:
«C'est un des personnages positifs de la pièce, tout en étant un traître.»
Quant à Jacques François, il porte sur Albert le jugement suivant:
«Albert est tout à fait l'image de ce qu'Anouilh pense du commun des mortels. Il a pour Albert comme tout le monde un profond mépris (…) Pour lui, c'est quelqu'un de lamentable, c'est un traître, c'est un lâche, c'est un opportuniste.»
Que pensez-vous de ce que disent tour à tour Alain Mottet, Maïa Simon et Jacques François sur Albert? Donnez votre propre opinion du personnage d'Albert.

**c** «Chacun avait son rôle et au fond on était égaux, on jouait la comédie — déjà comme ce soir.»
Expliquez en détail cette phrase d'Albert et dites si, d'après vous, elle exprime bien les thèmes majeurs de *La Belle Vie*.

**d** En ce qui concerne le dénouement, Jacques François déclare:
«Moi, j'aurais beaucoup aimé que la pièce finisse mal.»
Jean-Pierre Bouvier renchérit et dit:
«Oui, moi aussi.»
Quant à Maïa Simon, elle nous déclare:
«Mais elle finit mal.»
Qu'en pensez-vous?